文春文庫

彼は早稲田で死んだ

大学構内リンチ殺人事件の永遠

樋田毅

文藝春秋

彼は早稲田で死んだ　大学構内リンチ殺人事件の永遠　目次

彼は早稲田で死んだ　大学構内リンチ殺人事件の永遠

プロローグ

二〇二〇年の初夏。新型コロナ感染症の流行に対処する政府の最初の緊急事態宣言が解除されて間もなく、私は母校の早稲田大学文学部の前の馬場下交差点に立っていた。まだ構内への立ち入りはできなかったが、交差点を横切ってくる若者たちに声をかけ、早稲田の学生であることを確認できた男女一〇人に「今から半世紀ほど前に文学部キャンパスで起きた、川口大三郎《かわぐちだいさぶろう》君虐殺事件を知っていますか?」と尋ねた。

全員が「知りません」「聞いたことがありません」と答えた。本部キャンパスにある「早稲田大学歴史館」にも、川口君の事件について触れられている展示はなかった。

事件が起きた一九七二年、日本社会は高度成長期の真っただ中で、右肩上がりの好景気が続いていた。

一月にグアム島で元日本兵の横井庄一さんが発見された。二月に札幌で冬季オリンピックが開催され、連合赤軍による浅間山荘事件が起きた。四月に沖縄返還をめぐる外務省機密漏洩事件で毎日新聞の記者が逮捕された。五月に沖縄の施政権が日本に返還され、イスラエルの空港で日本赤軍メンバーによる銃乱射事件が起きた。同じ月、天地真理の

「ひとりじゃないの」が発売され、七月、井上陽水の「傘がない」がリリースされた。九月に田中角栄首相が訪中し、日中国交の正常化声明が出された。一〇月に上野動物園へ中国からパンダのランラン、カンカンがやって来た。

そして、一一月八日の夜、早稲田大学文学部構内の自治会室で、第一文学部二年生だった川口大三郎君が、革マル派（日本革命的共産主義者同盟革命的マルクス主義派）という政治セクトの学生たちによる凄惨《せいさん》なリンチにより殺された。その遺体はパジャマを着せられ、本郷の東大附属病院前に遺棄された。

その事件をきっかけに、一般の学生による革マル派糾弾の運動が始まり、私もその渦の中に巻き込まれていった。

私たちは自由なキャンパスを取り戻すため、自治会の再建を目指したが、その過程で多くの仲間たちが理不尽な暴力に晒《さら》され、私も革マル派に襲われ、重傷を負うことになった。一年数か月続いた闘いの末、運動は挫折し、終焉《しゅうえん》を迎えた。

その後、長い歳月が流れた。

しかし、あの早稲田での出来事が、忘れ去られていいとは思えない。

約半世紀前、東京の真ん中に、キャンパスが「暴力」によって支配された大学があった。

あの時代の本当の恐ろしさを伝え、今の世界にも通ずる危うさを考えるため、私は自らの記憶を呼び起こし、かつての仲間や敵だった人々にできる限り会った。段ボール箱に詰め込んだままになっていた資料も読み返した。

あの苦難に満ちた日々、私は、そして同世代の若者たちはどう生きたのか――。

本部キャンパス

早稲田大学構内略図（1972 年、事件当時）

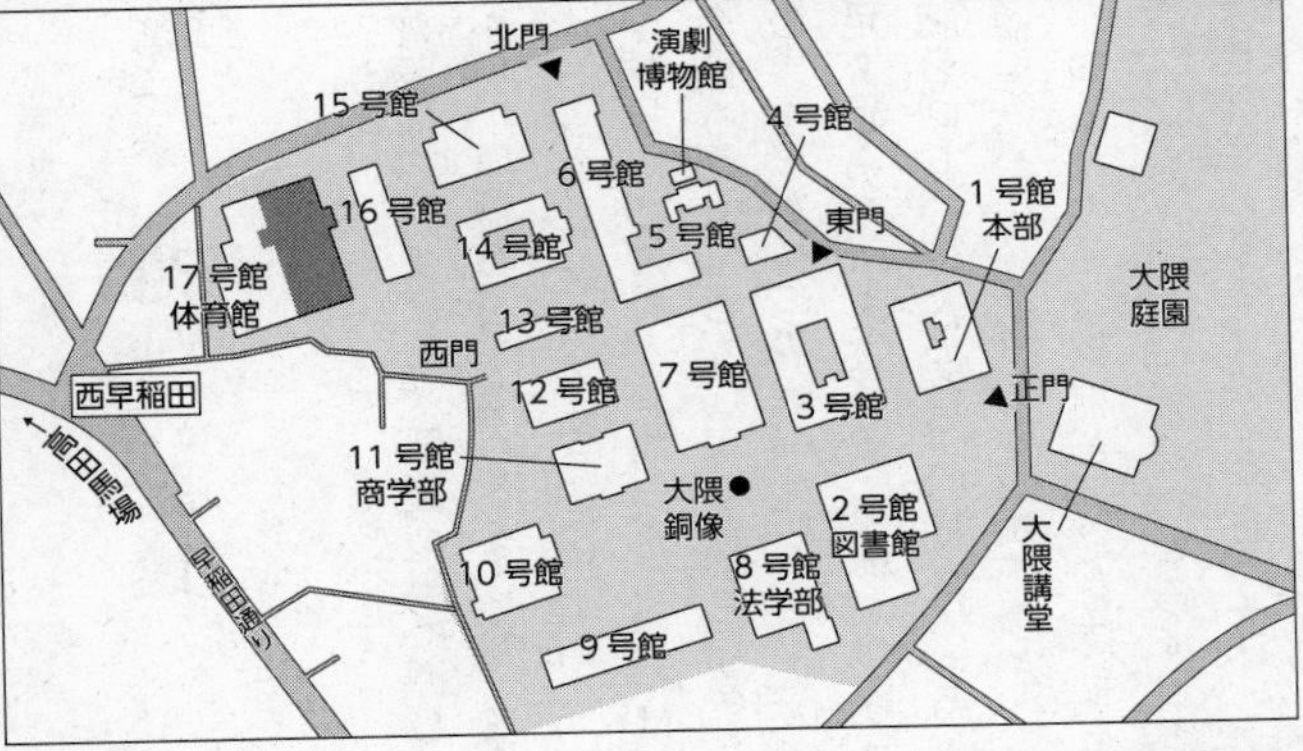

戸山（文学部）キャンパス

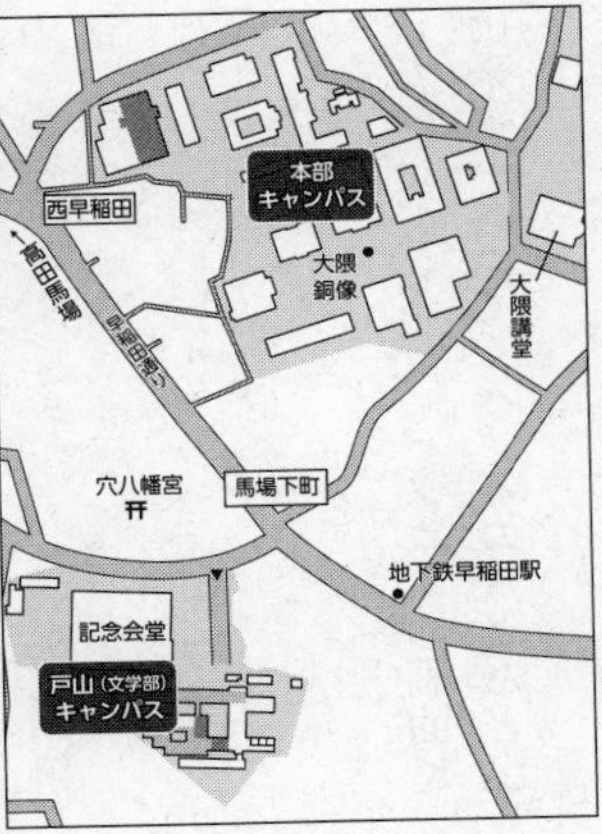

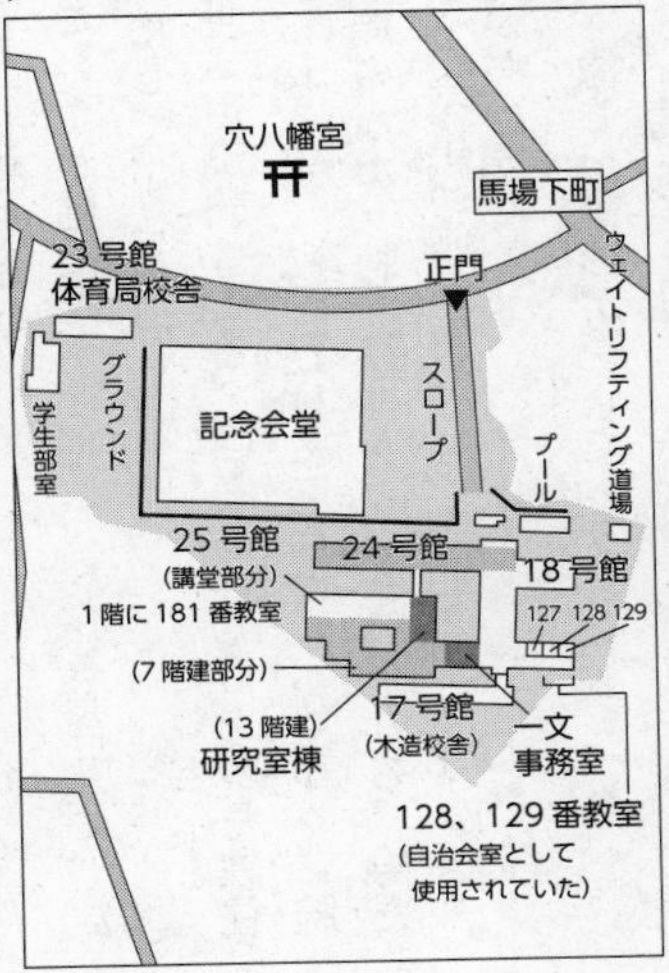

第一章　恐怖の記憶

普段は忘れている。脳裏の奥に押し込め、封印していた。しかし、パソコンの画面に向かい、原稿を書き進めるうちに、当時の様々な出来事が蘇ってくる。そのほとんど全てが、「恐怖」につながる記憶である。

早稲田での運動が終焉した頃、私は何度も同じ夢を見た。

名前も顔も知らない男が私を指差し、「こいつが樋田だ」と叫ぶ。それを合図に、数人の男たちが私に襲いかかり、羽交い締めにして、私を押し倒す。

「足を狙え」「学生会館に連れてゆけ」と叫ぶ声が聞こえる。咄嗟《とっさ》に近くにあった鉄柱に腕を回し、抱え込む。何度も体を引っ張られるが、私は鉄柱に懸命にしがみつく。腕と頭に鉄パイプが何度も振り下ろされ、激痛のなか、腕が鉄柱から引き離される。男たちが血塗《ちまみ》れの私の両腕と両足を持ち上げて、学生会館へ向かう。手足をばたつかせ、「助けてくれ〜」と叫んだところで目が覚める──。

夢から覚めると、必ず全身に大汗をかき、激しい動悸《どうき》が続いている。

大学を卒業して、朝日新聞社で記者として働き始めてからも、仕事でひどく疲れた夜には同じ夢を見た。

あの襲撃から半世紀近く経ったいまでも、私は恐怖の記憶から解放されることはない。

元・自治会委員長の消息

二〇二〇年一月末の夕方、私は群馬県高崎市のJR高崎駅から歩いて三〇分ほどの住宅街を彷徨《さまよ》うように歩いていた。「田中製作所」という会社が、その住宅街の中にあるはずだった。

探し始めて二時間。午後七時を過ぎて真っ暗になり、辺りは人通りもない。寒さに凍えながら、懐中電灯で一軒ごとに表札を確認していくが、どうしても見つからない。

諦めかけた頃、ふと見上げた街灯の鉄柱に「田中製作所」の文字があった。

街灯の脇の二階建てのプレハブ造りの住宅の壁には「郵便物は二階の玄関へ」と張り紙がある。鉄階段を二階へ上がると、「田中」と書かれた小さな表札が出されていた。

思い切って玄関の呼び鈴を押すと、出てきたのは初老の女性だった。

「ここは田中敏夫さんのお宅ですか？」と尋ねると、

女性はいきなり、

「あなたは革マル派の方ですか？」と問いかけてきた。

「いえ、違います」と慌てて答え、来訪の趣旨を話そうとすると、

「それでは、中核派の方？」と畳み掛けてくる。

私は、いずれでもないと否定したが、

「それなら、刑事さんなの？」と執拗《しつよう》に尋ねる。

私が、途中まで書いている原稿をリュックから取り出し、その一部を見せて、

「四八年前の早稲田での出来事を記録として残そうとしています。私は、どの政治セクトとも無関係です」と説明すると、やっと、信じてもらえたようだった。

その女性は、田中敏夫さんの妻だった。

「夫は、もうこの世にはいません。去年の三月に急死しました」

田中さんは二〇一九年三月一日に急性心筋梗塞で亡くなっていた。

「あの朝、主人は起きた後、体が少しだるいと言って再び横になりました。しばらくして寝室に行くと、すでに意識がほとんどありませんでした。救急車を呼びましたが、間に合わず、そのまま息を引き取りました。その前日まで、主人は元気だったんですが……」

一九七二年一一月八日に早稲田大学第一文学部学生だった川口大三郎君が自治会室で

殺される事件が起きた当時、田中さんは同学部の学生自治会の委員長として指導的な立場にいた。その頃、文学部自治会は革マル派という政治セクトが主導していて、田中さんは革マル派の幹部活動家でもあった。

田中さんは川口君の事件からほぼ一年後の七三年一一月七日に、「川口君事件に対する私の態度と反省」と題した「自己批判書」を書いていた。そこには、「暴力には人間の腐敗性に通じる入り口が用意されている」「当時の自治会の責任者として社会的責任を負う」「学生運動から完全に手を切る」などとあり、それまでの自分の思想と言動を否定し、転向を宣言する内容だった。

当時、田中さんは別の内ゲバ事件で横浜刑務所に服役中だったが、一〇月二二日に川口君への監禁致死容疑で獄中で逮捕され、身柄を警視庁管轄の警察署に移されていた。そこでの取り調べで、知り得る限りの犯行状況を供述し、自己批判書をしたためたのだ。関与を疑われた川口君の事件については、事件当日、東大・駒場での集会に出ていて、現場にいなかったことが立証されたため罪には問われず、また横浜刑務所に戻された。

妻によると、田中さんは横浜刑務所で残る刑期を終え、七五年に帰郷すると、父親が営んでいた金属加工会社の経営を継いだのだという。

「でも、主人はずっと会社を閉じることばかり考えていました」

一五年ほど前、田中さんは五五歳の時に漸《ようや》く会社をたたむと、周囲との人間関係もほとんど断ち、ひたすら読書と油絵を描くことに時間を費やした。

その油絵は二〇〇号から三〇〇号の大きな作品が多かったが誰にも見せようとせず、やがて自宅の一階を埋め尽くし、生活の場を二階に移すことになる。普段から感情を表に出すことは少なかったそうだが、愛猫と戯《たわむ》れているときだけは表情が柔らかくなったという。

私が玄関に飾られていた六〇号ほどの油絵に目をやると、妻は「最初の頃のもので、これだけは玄関に置きました」と話した。荒波が砕け散る夜の海が繊細な筆遣いで描かれていたが、どこか影があり陰鬱な印象の絵だった。晩年には韓国風の墨絵にも挑戦し、韓国語も学んでいたそうだ。

部屋の本棚には、ドストエフスキー、ニーチェ、カフカ、フロイト、ヴィトゲンシュタインなどの書籍がびっしりと並んでいた。若い頃から読書家で、最後まで交流のあった県立高崎高校時代の友人は、同校の図書室で近松門左衛門の浄瑠璃台本を読んで独りで泣いていた田中さんの姿が忘れられないという。

最後まで、心を開くことはなかった

妻は、都内のミッションスクールに通っていた中学生の時に、好奇心から反戦デモに参加して、大学生だった田中さんの頼もしい姿を目にして憧れたという。

「私は革マル派ではなかったんですけど、デモを先導する彼は素敵でした」

川口君の事件後、大学を除籍になり、横浜刑務所を出所後に田中さんが故郷に戻っていることを耳にした彼女は、「彼と添い遂げられるのは私だけ」と神の啓示のようにひらめいたのだという。

そこで、彼女は田中さんの実家へ押しかけて交際を迫るが、即座に断られてしまう。諦めて帰途についたとき、田中さんの母親が追いかけてきて、「このままでは息子はダメになってしまう。あなたさえ良かったら、頼むから一緒になってほしい」と懇願されたのだという。その後は母親と二人、策を練って田中さんに会い続け、漸く結婚にこぎつけた。

だが、結婚後も田中さんは早稲田での出来事を、妻に語ることはなかった。

それでも、まれに耳にした田中さんの独り言のようなつぶやきの断片を、妻はいまもよく覚えている。

「集団狂気に満ちていた」

「ドストエフスキーの『悪霊』の世界だった」

「全く意味のない争いだった」

「彼らは、川口君を少し叩いたら死んでしまったと言った。だけど、そんなことはあり得ない」

「すべて私に責任がある」

そんなつぶやきを耳にする度に、田中さんが心の内に抱え込んでいる闇に思いを馳せ、何か自分にできることはないかと思い悩む日々が続いた。

「でも、私にも、彼は最後まで、心を開くことはありませんでした」

出所後、田中さんは学生運動から距離を置き、故郷で、世捨て人のように、ひっそりと生きた。そして、自らの心の内に抱え込んできたものを、誰にも見せることなく、この世を去った。


私は早稲田大学に入学した一九七二年から七四年にかけて、仲間たちとともに田中さんが委員長を務める革マル派の自治会の「暴力支配」に対し、政治的セクトとは無縁の立場で闘ってきた。

学内で「暴力」の恐怖に晒され続け、ついには鉄パイプで襲撃を受けたことで、私は心に傷を抱えて生きてきた。

その「暴力」を指示した側のリーダーであった田中さんが、心の内に抱え込んでいたものとはいったい何だったのか。それを知りたいと、今も強く思う。

なぜ川口君が死に至らしめられ、私たちが理不尽な「暴力」に怯《おび》え続けなければならなかったのか。

コロナ禍が広がる少し前、二〇二〇年二月に文学部キャンパスを久しぶりに歩いた。まだ緊急事態宣言が発令される前で、キャンパスは行き交う学生たちの屈託のない笑顔で溢れていた。

川口君が連れ込まれた自治会室は残っていたが、他の多くの校舎は建て替えられ、かつて学生大会が開かれた一八一番教室付近は高層の講義棟になっていた。

正門から続く長いスロープと、その先のコンクリートで覆われた中庭は以前のままだった。構内をそぞろ歩くうちに、私の瞼《まぶた》に様々な光景が蘇ってきた。

約半世紀前、このスロープを学生たちのデモ隊が幾度となく通り、中庭では日常的に暴力事件が繰り返されていた。

第二章　大学構内で起きた虐殺事件

入学式に出没したヘルメット姿の男たち

一九七二年春、私は一年間の浪人生活を経て早稲田大学第一文学部に合格した。四月三日、晴れやかな気持ちで入学式会場の文学部キャンパスに隣接する早稲田記念会堂（現・早稲田アリーナ）に向かった。

京王線の代田橋の下宿先から新宿経由でＪＲ山手線の高田馬場駅に降り立ち、地下鉄東西線に乗り換えて一つ目。早稲田駅の階段をのぼり、文学部キャンパスのある馬場下の交差点へ向かって歩き始めると、通りはサークル勧誘の学生たちで溢れていた。

しかし、そうした喧騒とは無縁のヘルメット姿の男たちが曲がり角ごとに無言で立っている。彼らは緊張した面持ちで辺りを見回し、睨《にら》みつけるような鋭い視線をこちらに送ってきた。

ヘルメットには白地に赤線のふちが入り、両側面には黒色で「Z」と書かれている。それは、「革マル派」という政治党派（セクト）のヘルメットだった。

入学式という大きな行事で自分たちの存在を誇示するためなのか、敵対するセクトの襲撃情報があって警戒しているのか、いずれにしてもその姿は異様で、軍事基地の入り口に立つ「歩哨《ほしよう》」を連想させた。

早稲田駅から西へ約二〇〇メートルの文学部キャンパス正門付近は、さらに人で溢れ返っていた。正門から文学部の講義棟が連なる中庭までは、なだらかな長いスロープで、その脇の広場の向こう側に、入学式会場となる早稲田記念会堂があった。その入り口付近にもヘルメット姿の数十人の男たちが並んで立ち、激しいアジ演説（アジテーション演説）を繰り返し、自治会の資料やチラシを新入生に配っていた。

入学式での村井資長《すけなが》総長の挨拶はもう忘れてしまったが、式の数日後、教室に入ってからの出来事は鮮明に覚えている。

当時、第一文学部は一、二年が「教養課程」で、選択した外国語によってクラス編成されていた。私のJ組は中国語を第二外国語として学ぶクラスの一つで三二人の定員だった。クラス担任は、なぜか英文学の臼井善隆助教授。初めてJ組の学生が集まった教室で、臼井先生は「これから四年間、楽しく充実した生活にしてください」と挨拶した。

臼井先生の脇には若い男が立っていた。ワイシャツにブレザー、ジーンズ姿で、J組の副担任か助手だろうと思っていたら、彼はこう語りかけた。

「これから、楽しく、戦闘的なクラスを一緒に作っていきましょう」

男はHと名乗り、「自治会で一年J組を担当する」と自己紹介した。

この時、私たち一年生は、自治会の学内での位置付けについてよく知らなかった。

数日後、最初の中国語の授業が半分くらい過ぎた頃、突然、Hが教室へ入ってきた。腕時計を見ながら、「後半の三〇分間は自治会の時間です。授業は終わってください」と教師に要求すると、「この自治会の時間は、第一文学部の学生運動の歴史の中で勝ち取った権利なのです」と私たちに向かって説明した。

ほかの語学のクラスでも、同じように授業の後半が自治会の時間に割《さ》かれているようだった。Hから配布された「一文自治会規約」には、「当局の自治規制をはねのけ、語学の時間前半ないし後半三〇分位原則として討論をおこないます。」と書かれていた。

Hは、そうやって確保した「三〇分間」で、第一文学部の自治会が全国の大学自治会の模範となっている歴史と使命について語り始めた。

「みなさん、学生運動でヘルメットをかぶりますね。これは、九州の三池炭鉱の労働運動で、炭鉱労働者たちが機動隊と対峙《たいじ》する時、自身の身を守るためにヘルメットをかぶったのが、そもそもの始まりです。私たちのヘルメットのZは全学連のZ。私たちがあの輝かしい全学連の闘いの正統な継承者であることを示すものです」

話の途中でHは、「あなたは、黒田寛一氏（革マル派の創始者）をどう思いますか？」などと、一人一人に質問してくる。どうやら、その受け答えによって革マル派への親近感や敵意の有無を探っているようだった。

級友たちはHの不穏な言動を明らかに警戒していた。面倒くさい話をする人だが睨まれると大変なので当たり障りなく対応しておこう。教室には腫れ物に触るような雰囲気が漂っていた。

そんなある日、Hが「みんなの連絡名簿を作りましょう。名簿があると便利ですよ」と呼びかけてきた。さすがに、個人の連絡先を渡すのは危ういと察していた私たちは、彼に見つからないように、教室の外で連絡名簿を作成した。

J組の級友は全国から集まっていたが、その約半数は東京、神奈川、埼玉、千葉といった首都圏の出身者だった。愛知県の西北端、銀杏の産地の中島郡祖父江町《そぶえちよう》（現在は稲沢市祖父江町）出身の田舎者だった私には、上京して東京で目にするすべてのものが新鮮で、首都圏出身の級友たちの会話は垢《あか》ぬけて感じられた。

私は早稲田の蛮カラな気風を気に入っていた。小田実の『何でも見てやろう』と北杜夫の『どくとるマンボウ青春記』をバイブルにしていた私は、高校時代はボート部に所属して、ひたすら国体とインターハイを目指して練習に明け暮れていた。生徒会長になって、制服制度の廃止に取り組んだこともある。

当時は学園紛争の真っただ中で、全校集会や生徒によるデモも経験したが、大学では『どくとるマンボウ青春記』に描かれていた旧制高校での日々のように、喧騒《けんそう》に身を任せて、底抜けに楽しい青春を謳歌《おうか》したいと考えていた。

とはいえ、私の下宿は四畳一間の賄《まかな》い付き（夕食と朝食付き）で家賃は月一万六千円。初めての一人暮らしは慣れないことばかりで心細くもあり、戦後の一時期、都内の女子高校で英語教師をしていた父から届いた「Campus Life を楽しんでほしい」と綴《つづ》られた手紙に励まされていた。

一年J組の自治委員選挙

私がやっと東京での生活に慣れ始めた頃、学内では五月半ばに各クラス単位で順次実施される自治委員選挙に向けて、革マル派の学生たちの動きが俄《にわか》に慌ただしくなってきていた。

革マル派にとって、早稲田の第一文学部（昼間）、第二文学部（夜間）の両自治会は、全国の同派系の学生自治会の中でも、最大の拠点とされていた。この選挙で多数派を占めることが組織にとっての至上命令だったのだ。上部組織の幹部の多くも早稲田の一文、二文自治会の出身者で、全国の革マル派系とされる大学の自治会の議案書も第一文学部自治会の議案書を手本にして作成されていたという。

その頃、私はHの熱心な誘いを断りきれず、一度だけ、学外で開かれた革マル派系の市民集会に参加したことがある。まさしく「何でも見てやろう」精神で出かけたのだが、まず何よりも会場を包み込む異様な熱気に圧倒された。

一〇〇〇人以上が入る大ホールを埋め尽くす半数近くが革マル派のヘルメット姿で、壇上での演説に応えるようにあちこちから声が上がる。集会は旧国鉄の動労（動力車労組）によるストライキ権確立のための「順法闘争」を支援する趣旨で、指導者たちの演説が延々と続いていた。いずれもこの順法闘争が日本社会を革命へと導くといった内容だったはずだが、彼らが熱く語る革マル派の革命理論というものが私には全く頭に入ってこなかった。とても「ついていけない」というのが正直な印象だった。

ゴールデンウィークが近づいた頃から、文学部の正門やスロープ、校舎の入り口などに、「選挙闘争委員会に結集し、闘う自治会の確立を！」などと書かれた立て看板や特大のポスターが掲示され始めた。各教室でアジ演説が続き、チラシを配布するようになっていた。

一年J組にも、Hが選挙闘争委員会のメンバーと称する革マル派の活動家を連れてきて、「間もなく始まる自治委員の選挙では、戦闘的な自治委員を選ぶべきだ。この選挙の過程自体が重要な闘いである」と熱弁を振るっていた。

自治委員は各クラスから選挙で選出することになっていたが、私たちは事前に、Hの目につかないよう文学部のキャンパスの近くの穴八幡《あなはちまん》神社の境内に集まり、誰を候補にするべきか、議論を慎重に重ねていた。

革マル派の主張の正否は別にして、彼らが一方的に自分たちの正義を押し付けてくることに、私たちは強く反発していたのだ。学内で度々目にする暴力的な威圧行為にも危《き》惧《ぐ》を抱いていた。

そこでは私が立候補する案も出されたが、普段からHの発言に反論することが多く、「危険だ」として見送りになり、最終的にはHに目をつけられていない林茂夫君に立候補してもらうことになった。自治委員の定数は二名。革マル派の執行部の意に沿わない学生で独占し、いたずらに刺激するのは避けるため、あえて一人だけを候補者として推すことにした。

選挙の当日、同席したHが見守る中、予定通り林君が立候補した。そのほかに、革マル派のシンパだった男女一人ずつが立ち上がり、「私も立候補します」と名乗りを上げた。二人とも真面目な学生だったが、Hと話し込む場面をよく目にしていたので立候補は予想通りだった。進行役の級友が「立候補者が定数を超えているので、投票になりますね」と発言した直後、男性の方はなぜか立候補を取りやめ、結局、無投票で林君とその女性が自治委員となった。

Hはその経緯を、苦虫を噛み潰したような表情で見守っており、私たちの推した林君は当選したものの、教室内には緊迫した空気が流れていた。

選挙後、革マル派の意に沿わない自治委員を選んだ一年J組は革マル派から目をつけられるようになり、連日のように活動家とみられる男たちがやってきて、「お前たちは自治会をどう考えているのか」などと議論をふっかけてくるようになった。そのうちの何人かは、反抗的な私を睨みつけ、「自治会室に連れて行くぞ」と、凄《す》んだりもした。

その後、文学部各クラスの委員が集まる自治委員総会が開かれ、第一文学部学生自治会の委員長、副委員長、書記長などの常任委員会と呼ばれていた執行部が選出された。ここでは、革マル派の思惑通り、委員長には前年度の委員長だった田中敏夫さんが再任され、副委員長には一年生の大岩圭之助さんが選ばれた。大岩さんは私たちと同じ新入生だったが、入学以前から名の知られた革マル派の活動家だという噂を耳にしたことがあった。

投票箱はヘルメット

自治委員総会を前に、一文学生大会が開かれた。学生大会は自治会の規約で、最高の決議機関とされており、自治会の活動方針などが審議される場だった。

学生大会の当日、会場となる一八一番大教室に様子を見に行っていた級友が血相を変えて戻ってきた。

「最前列に、うちのクラスの立て札がある」

会場に入ると、確かに、最前列の中央、一番目立つ席に「一年J組」と書かれた立て札があった。革マル派の意に沿わない委員を選出したことに対する見せしめの意味があったのだろう。私たちは、その席を避けて座った。

大会では田中委員長によって「革命的な階級闘争」「労働者との連帯」などの政治運動用語をちりばめた長文の運動方針案が読み上げられた後、この方針案への賛否を問う投票に入ったが、その投票箱を見て驚いた。賛成票を投ずるのは普通の投票箱だったが、反対票を投ずるのは、いかつい活動家が手に持つヘルメットだったのだ。これではよほど勇気のある者でなければ、反対票を投ずることなどできない。私は投票することなく会場を後にした。

この学生大会の前後、革マル派は同年五月に早大全学中央自治会を発足させた。各学部の自治会を糾合《きゅうごう》した形の組織で、一文自治会の田中委員長が全学中央自治会の委員長にも就任した。それは最大拠点の一文自治会を足がかりに、本部キャンパスにある全学部の学生自治会を「制圧」する姿勢の表れでもあった。

革マル派という組織が圧倒的な勢力で学内を支配するなか、私たち一般の学生にはどんな意思表示の術《すべ》があったのだろうか。

前年、七一年秋の一文学生大会では、革マル派に反発する学生による、意表をつくパフォーマンスがあったことを後に知った。

それは私たちの一学年上で、同じJ組の林勝昭さんによるものだった。林さんは着物に帯の着流し姿に雪駄《せった》履きという、東映任侠《にんきよう》映画の高倉健や鶴田浩二のようないで立ちで、級友たちを率いて学生大会の会場の一角に陣取った。革マル派の演説が始まると、「うそこけ」「ふざけんな」「バカ野郎」などと大声で罵《ののし》り、「キャーッ」と奇声を発し、執行部席の役員らが一斉に振り返っても無視し続け、言いたい放題した挙句、悠然と退出したのだ。

その夜、執行部から林さんの級友に電話があり、「今日の学生大会でヤクザ風だった男はJ組だよね。いったい何者？」と探りを入れてきたという。この級友が「あの人は『なべの会』という、野草を食べるサークルに入っている、政治活動とは無縁の普通の（一般の）学生ですよ」と答えると、電話の相手は絶句していたという。

林さんは、「革マル派への抵抗の姿勢を示すのに、このやり方なら絶対に報復されない、と考えた」そうだ。

確かに会場にいた革マル派はかなり面食らっていたというが、ここまで突飛な行動に出ざるを得ないほど、もう意思表示すらできない状態になっていたのだ。

キャンパスで頻発する暴力

当時、革マル派にとって最大の拠点であった早稲田大学で、自治会を支配するのは絶対的なミッションであり、敵対する左翼系の政治セクトが学内で活動するのを阻止し、排除することに全力をあげていた。

なかでも最大の敵が中核派だった。革マル派も中核派も、「革命的共産主義者同盟」（革共同）が分裂してできた組織で、分裂の理由は、闘争方針や組織論の違いだったとされているが、両組織とも、敵対者への批判は苛烈を極め、死者を出す「内ゲバ」も厭《いと》わなかった。

中核派は早稲田大学出身の本多延嘉《のぶよし》氏（一九七五年に革マル派の襲撃で殺害された）が率い、他セクトと協力しての激しい街頭デモや集会など、大衆闘争を重視した。

これに対し、革マル派は指導者の黒田寛一氏の理論を絶対視する私党的な性格を持ち、理論闘争と組織の維持・拡大を重視したとされる。黒田氏は独学でマルクス主義などを学び、二〇〇六年に七八歳で亡くなるまで実質的に革マル派の最高指導者であり続けた。青年期に皮膚結核などを患い、結核の影響で視力が極度に悪化したが、口述筆記によって膨大な著作物を残し、「教祖」のような存在だったとされる。

革マル派は、日本共産党とその系列の青年組織である民青（日本民主青年同盟）に対しても厳しく対処していた。

四月後半、私は文学部の中庭で、哲学科の助教授が、十数人の革マル派の学生たちに囲まれて追及を受けている場面に出くわした。その助教授は共産党員とみられていて、革マル派は手加減しなかった。二人の男が、助教授の両脇に立って腕をつかみ、肩を押し、頭を小突き、ネクタイを引っ張るなどしながら、ハンドマイクを耳元に押し付け、大音量で執拗に「自己批判」を要求していた。

「自己批判」とは、自ら反省するというのが本来の意味だが、学生運動が盛んだった一九七〇年前後には、敵側に反省を強要する際に、自らの全存在を否定する屈辱を味わわせて戦意を喪失させる手段として用いられていた。

取り囲んだヘルメット姿の男たちは助教授に向けてひたすら罵声《ばせい》を浴びせていた。その中には、J組を担当するHの姿もあった。普段、教室に入ってくる時の温厚そうな雰囲気から一変、目尻が吊り上がり、怒りに支配されたようなおぞましい表情だった。その様子を遠巻きに見守る教員や学生たちは多かったが、誰も止めることはできなかった。

六月三日には、民青の関係者とみられる学生が手酷《てひど》いリンチを受けた。日本文学専修のNさんは、同専修の仲間たちとの同人誌に、こんな一文を投稿している。

「二時間目の授業に出席するため、文学部のスロープを登っていった。なかほどまで来たとき、三人ほどの男が、一人の男を取り巻いて、盛んに議論をしかけていた。いや、その三人の男たちの口調からして、議論というよりは、自己批判を迫っていたと言った方がいいであろう。（中略）読書室で二時間ほど過し、昼近くなって、食事をするために外へ出た。中庭に出ると、スロープからこちらの方に場所を移動したのか、それとも無理矢理連れて来られたのか、先ほどの連中がやはり、そこで前と同じ男を取り囲んで、さらに荒い口調で自己批判を要求していた。（中略）初めは威勢を張っていた彼もいまはただうつむいて、連中になされるがままに身を委ねてしまった彼の蒼く悲しい顔が終始頭に残って、不快が晴れぬままに昼食を終え、中庭に着いた時にはすでに彼らの姿は消えていた。（中略）

翌朝、新聞を開いて社会面に目を移すと、小さな見出しが目に飛び込んできた。『早大生重体！』の記事を読むと、時間的にも情景的にも昨日私が目撃した状況とピッタリ合う。『まさか』と思いながら何度も記事を読み返してみたが他に考えられない。再び昨日のうつむいて体を硬張らせた彼の姿が目の前に蘇えった。」

「重体」と報じられた学生は「一文民主化クラス・サークル協議会」のメンバーで、地下の〇二番教室に連れ込まれ、「民青だろ。白状しろ」などと罵声を浴び、角材などで全身を殴打され、重傷を負っていた。

やはり六月、文芸専修の秋定啓子さんが、本部キャンパスで数人の男たちに捕まり、革マル派が拠点としている学生会館の鉄扉の向こう側に連れ込まれた。秋定さんは中国研究会というサークルの代表をしていたが、部屋に入ると、いきなり腹部などを殴られ、「中国研究会は民青だ」などと追及を受けた。

気丈夫な秋定さんは、立ったままでは殴られ続けると思い、「とにかく座って、落ち着いて話しましょう」と声をかけ続けた。室内にあった椅子に双方が座ると、やっと暴力は収まった。

拉致されたきっかけは、中国研究会が早稲田祭への参加申請を提出したことだった。「民青のサークルは早稲田祭への参加は認めない」というのが革マル派の方針だった。秋定さんは「早稲田祭への参加の可否を思想信条で決めるべきではない。私は民青ではない」と主張し続け、埒《らち》があかないまま、一時間ほどで解放された。「殴られたが無傷で戻れたのは幸運だった。きっと、新聞記者だった父が天国から見守ってくれたのだと思う」と振り返る。

学生や教授たちが革マル派の活動家に取り囲まれ、吊るし上げられる場面を、私はキャンパスのあちこちで何度も目にしていた。自治会室などでリンチを受け、負傷する学生も複数出ていた。革マル派の妨害で登校できなくなった学生も三〇人ほどいた。

一般学生については、オルグ（勧誘・説得）の対象であり、やみくもに暴力を振るうことはなかったが、それでもいったん敵とみなすと、彼らは容赦がなかった。

山村政明さんの遺稿集

その頃、私は大学近くの書店で『いのち燃えつきるとも』（大和書房）という本を偶然見つけ、貪《むさぼ》るように読んだ。七〇年一〇月六日早朝、馬場下交差点を挟んで文学部キャンパスの真向かいにある穴八幡神社の境内で焼身自殺した、第二文学部（現・文化構想学部）の学生、山村政明さんの遺稿集だ。

そこには、私が入学する二年ほど前に、文学部キャンパスで山村さんが革マル派に襲われたときの様子も生々しく描かれていた。

山口県美祢《みね》郡（現・美祢市）出身の山村さんは一〇歳の時、両親の意向で家族揃って韓国籍から日本国籍に帰化した。高校卒業後、地元の大手自動車メーカーに入社したが、ロシア文学を勉強したいとの思いで、一九六七年に早稲田大学第一文学部に入学し、その後、六九年に経済的な理由から夜間の第二文学部へ転部していた。

第二文学部で山村さんは学生運動に身を投じた。大学運営への学生の参加や、貧困学生への奨学制度の強化などを訴える活動の中で、革マル派が主導権を握る自治会の執行部と激しく対立していた。さらに、革マル派の執行部に反対する立場で学生大会の議長を務め、革マル派に目をつけられるようになっていった。幾度となく、殴る蹴るの暴行を受け、一九六九年の初夏には重傷を負わされる。
山村さんは当時の出来事を朝鮮名の梁政明（ヤン・セイメイ）というペンネームを使い、小説の形で同人誌に投稿していた。遺稿集にも収録された小説「帰省――暗い夏の逃避行」には、在日として自らのアイデンティティーに悩む姿に加えて、学生運動の活動家に襲撃される生々しい場面も描かれている。山村さんはセクト名や人名などを仮名や記号で表記しているが、明らかに文中の「〇〇派」は民青、「△△派」は革マル派、「英正」は山村政明さん本人だとわかる。
「二十名近い〇〇派学生は、くもの子を散らすように四散し、逃走に移った。踏みとどまる者は皆無だった。一人、英正だけが、殴打の痛みに気をつかっていたせいもあってとり残される形となった。英正には逃げる意志が起きなかったし、余りにも見事な味方の逃走ぶりに呆然としたのだった。（中略）
ヘルメットをつけた学生の一人がカク材を英正にうちおろしてきた。英正は辛《かろ》うじて体をかわしたのでカク材は右肩をかすっただけであった。そして、とっさに、手にしていた厚表紙の書物で、その敵の顔面に痛烈な一撃をくれた。これが、さらに、△△派学生を激昂させた。別の学生の長い角材が真っ向から英正の顔面をおそった。体をかわす間のなかった英正は、反射的に左腕をかざして顔面をかばった。強烈な一撃をもろに受けた左腕が鈍い音をたてた。しびれるような激痛が電流のように走った。次の瞬間、白いワイシャツがパッと血に染まった。

さらに、別の学生の体当りで、英正は地面に倒された。△△派学生は、口々にののしり叫びながら、英正を蹴りつけ、踏みつけた。英正はほとんど防御もできず、敵のなすがままに身をまかせるしかなかった。英正の理性と感覚は正常な機能を失っていった。

(中略)

△△派学生の一人が、英正の顔を憎々しげにのぞきこむと、血だらけの左腕を全体重をかけて踏みにじった。焼けつくような痛みが脳天をつきぬけるのを覚えた後、英正は意識を失ってしまった。」

小説に描いたこの襲撃を実際に受けた際、山村さんは左腕を骨折し、入院後、自宅での静養を余儀なくされ、経済的に追い詰められていく。

山村さんを救出に駆けつけたはずの仲間たちが、敵に不意を突かれたとはいえ、肝心の山村さんを置き去りにして逃げてしまったことへの深い失望もあった。彼は、この時の心境を「根深く残っている異端者意識が強く頭をもたげたのであった。」と書き残している。

その後、山村さんは下宿に引きこもるようになり、肉体的にも精神的にもさらに追い詰められていった。

一人で背負うにはあまりにも重すぎる民族の問題、それが原因になっての恋愛の破局、革マル派からの度重なる暴力、負傷による経済的破綻……。様々な苦悩に打ちひしがれた山村さんは、肉親への遺書と「抗議・嘆願書」を残して、二五歳で自ら命を絶った。

「抗議・嘆願書」には、早稲田大学で「学園変革の闘い」に参加した経緯が記され、「革マルの学園暴力支配により、退学に追いこまれつつある学友は少なからぬ数にのぼる。」と訴え、「学友が自覚して立ち上り、連帯して闘うことのみが、暴力の一掃、自治会民主化、学園改革への道を開くだろう。」と呼びかけている。同じ文学部のキャンパスで、革マル派の暴力に晒され続けた彼の切実な思いが、私にも痛いほど伝わってきた。

『いのち燃えつきるとも』の初版本には、早稲田の露文科中退の作家五木寛之氏による「私はかねがね質の死には余り関心がなく、敗戦のあの時点から引揚げの過程において見た量の死にずっと関心を持ち続けてきた。同じ個人の死なら、三島由紀夫の華やかな死より、早稲田の穴八幡で独りボロ布のように死んだ山村政明の死のほうが、自分にとっては比較にならない重さで感じられている。」という帯文が付されていた。

山村さんの焼身自殺の後、学生たちの一部は自由の回復を求めて立ち上がったという。革マル派の暴力によってキャンパスに入れなかった数十人の学生たちも一斉に授業に出て、クラス討論を提起し、革マル派を追及するデモも組織された。しかし、半年ほどで革マル派の暴力が復活し、学生たちは再び沈黙していった。

暴力を黙認していた文学部当局

キャンパス内で革マル派による暴力が頻発する状況に、文学部当局はどう対応していたのか。

一言でいえば、見て見ぬふりをしていた。これだけ暴力沙汰を起こしているにもかかわらず、文学部当局は革マル派の自治会を公認していたのだ。

当時、第一文学部と第二文学部は毎年一人一四〇〇円の自治会費（大学側は学会費と呼んでいた）を学生たちから授業料に上乗せして「代行徴収」し、革マル派の自治会に渡していた。第一文学部の学生数は約四五〇〇人、第二文学部の学生数は約二〇〇〇人だったので、計九〇〇万円余り。本部キャンパスにある商学部、社会科学部も同様の対応だった。

第一文学部の元教授は匿名を条件に、こう打ち明ける。

「当時は、文学部だけでなく、早稲田大学の本部、各学部の教授会が革マル派と比較的良好な関係にあった。他の政治セクトよりはマシという意味でだが、癒着状態にあったことは認めざるを得ない。だから、川口大三郎君の事件が起きて、我々は痛切に責任を感じた。革マル派の自治会の歴代委員長は、他のセクトの学生たちと比べると、約束したことは守った。田中敏夫君も、その前の委員長たちも、我々に対する時は言葉遣いも紳士的で、つまり、話が通じた。大学を管理する側にとって、好都合な面があった。しかし、事件後は、革マル派との癒着状態から脱することに奔走した。革マル派との縁を切ることは、文学部教授会の歴代執行部の共通した認識となった。民青の学生たちについても、共産党員の教授たちと通じている面があるため、別の意味で警戒の対象となっていた」

大学当局は、キャンパスの「暴力支配」を黙認することで、革マル派に学内の秩序を維持するための「番犬」の役割を期待していたのだろう。

元教授は、こうも話した。

「革マル派が学内で台頭した当初、文学部の学生たちは間違いなく革マル派を支持していた。残念だが、それは事実だ。革マル派の本当の恐ろしさを、学生たちが見抜けなかったのだ。それは教授会も同じだった」

革マル派が早稲田大学で台頭し、第一文学部自治会の主導権を握ったのは一九六二年頃だったとされる。それ以前、つまり、「六〇年安保」で社会が大きく揺れた時代までは、第一文学部の学生自治会は、「構造改革派」と呼ばれたグループが多数派を占めていた。暴力革命による権力奪取ではなく、構造的な改良の積み重ねによる社会主義実現を目指すグループで、当初は日本共産党内の分派的な存在だった。全盛期には、第一文学部だけでなく、政経学部、教育学部の各学生自治会、早稲田祭実行委員会などでも主導権を握っていたが、六〇年安保闘争が敗北に終わった後の衰退期に、その空白を埋めるように革マル派が急速に勢力を伸ばしていった。

革マル派が正式に発足するのは、革命的共産主義者同盟が中核派と革マル派に分裂した六三年二月とされている。早稲田では、分裂前の時点で、すでに革マル派グループが一文自治会などを握っていたことになる。

マクドナルドでのアルバイト

今思えば、早稲田に入学した春から秋にかけて、私はサークル活動や、クラスの仲間たちとキャンプに行くなど、自分の思い描いたような自由な学生生活をそれなりに謳歌していた。文学部キャンパスなどで時々起こる「暴力沙汰」に目をつぶって、キャンパスから一歩外に出て街を歩けば、そこには平和な日常があったからだ。

春秋の六大学野球早慶戦では級友たちと神宮球場に繰り出し、校歌の「都の西北」や応援歌「紺碧《こんぺき》の空」に声を嗄《か》らし、夜は新宿・歌舞伎町の噴水前広場に流れて放歌高吟《ほうかこうぎん》を続けた。高田馬場駅の近くの「清龍」という安い居酒屋でよく「クラスコンパ」を催しては、飲み、騒いでもいた。

私は五月から新宿駅東口前の二幸ビル一階のマクドナルドでアルバイトも始めた。二幸ビルは、フジテレビの「笑っていいとも！」が公開生放送されたスタジオアルタの入居先として知られるようになったビルで、その店舗は前年の七一年七月に日本に進出し、銀座・三越百貨店一階に「1号店」を出店したマクドナルドの「4号店」だった。

当時、マクドナルドでは店員同士の「オーダー（注文）」のやり取りは全て英語で、米国人の女性店員もいた。ここで働くことは、すなわち流行の最先端にいることと同じで、田舎から上京した私にとって刺激的だった。日本マクドナルドの創業者、藤田田《でん》社長が視察に来た時には、私が焼いていたパテ（バーガー）を手に取り、「焼きすぎだね。せっかくの肉が縮んで、肉汁もなくなる」と指導されたりもした。三か月間のバイト代一万五千円で、私は小さな冷蔵庫を買った。

「登歩の会」という登山同好会にも入った。当時はメンバー一〇人ほどの小さな会で、春には仲間たちと丹沢山塊で「沢登り」を楽しみ、夏には約三〇キロのキスリングと特大の中華鍋を背負って後立山《うしろたてやま》連峰の縦走にも挑戦した。

級友たちの下宿を順番にめぐり、泊まり込んでは、ドストエフスキーやカミュ、夏目漱石、太宰治などの文学作品を論じ合ったりもした。難解なロシア小説やフランスの実存小説、不条理小説、日本人作家の私小説などを好んで読み、その読書歴を競い合っていたのだ。

私は当時、一九七〇年にノーベル文学賞を受賞したソ連の作家、ソルジェニーツィンの作品を乱読した。とりわけ『ガン病棟』という長編小説に描かれた、元政治犯の男の複雑な心理と、彼を治療する女医、看護師との愛に満ちた交流に強く心を惹かれた。彼女たちの偽りのない優しさが持つ力を、ソルジェニーツィンはロシアに伝わる旧約聖書の物語から引用して「優しい言葉は骨を砕く」と書き綴った。強制収容所生活を体験した作家が紡ぎ出す言葉には力があった。

夏休み前には、一年J組で『群稲』という同人誌を出すことになり、私はこの同人誌に「ミスターZ氏　月よりの使者」という題名の寓話を書いた。それは、革マル派の自治会執行部を「月」に見立てて、わがクラスにやってくる「月光仮面氏（H）」の危うさを描いたものだった。月の世界の「理想」を一方的に押し付けられ、地球の人間たちが苦しんでいる……。誰がどう読んでも、革マル派を批判していると分かる内容だった。

だが、編集作業中に同人誌を作っている話がHの耳にも入ってしまい、「面白いね。私にも何か書かせてほしい」と言いだした。その申し出は丁重に断ったが、Hにも手渡すことになる同人誌に、さすがに「月よりの使者」は載せられない。

このため、級友たちは『群稲』を二種類作り、私の作品を掲載した『群稲』だけには通し番号を振ってクラス外には出ないようにして、信頼できる一部の仲間だけに配付した。もし革マル派の目に留まれば、ただでは済まなかっただろう。

夏休みにクラスで一泊キャンプに行ったときには、大自然のなかでの解放感もあったのだろう、キャンプファイヤーを囲み、級友たちがこれまでに溜《た》まっていた革マル派への不満を口にし始めた。みんないまの大学の状況に危うさを感じているのだとわかって安心したが、元教授が言っていたように、その時の私たちは、まだ革マル派の「本当の恐ろしさ」を知らなかった。

体育会漕艇部に入部

夏休みが終わり、帰省していた級友たちと教室で再会した。文学部のキャンパスでは時折、革マル派が集会やデモをしていたが、大きな暴力沙汰は起きていなかった。それでもわがクラスの革マル派への不信や怒りは続いており、革マル派、中核派、民青などの政治党派を競馬の馬に見立てた『競馬新聞』を密かに作るという「危ない遊び」を試みる者も現れた。革マル派への風刺のきいたシニカルな内容で、自治委員の林君は「Hに見つかったら大変だ」と心配した。

その頃、私はひょんなことから体育会漕艇《そうてい》部に籍を置くことになった。

体育の授業で、夏季講習だけで単位の取れるボートを選択したところ、受講生名簿にあった私の経歴が指導役のボート部員の目に留まり、「君の高校は昨年、朝日レガッタ（琵琶湖で開催されるボートの大会）で優勝している。短期間でも構わないから、秋の新人戦でエイトのコックス（舵手《だしゅ》）をやってくれないか」と強く勧誘されたのだ。

　高校時代にボートはやり尽くしたとの思いがあったので、大学ではそれ以外の世界を幅広く楽しみたいとも考えていたが、「戸田の合宿所に住み込めば、飯代も部屋代もいらない」との言葉に魅力を感じ、下宿を引き払って入部することにした。

　気軽な気持ちで入部したものの、エイトは八人の漕手《そうしゅ》と舵手が乗り組む、ボート競技の花形種目。全国からトップ選手が集まる名門漕艇部での練習は想像していた以上に厳しいものだった。

　埼玉県戸田市にあった合宿所では、毎朝六時に起床して戸田漕艇場一周八キロのランニングから一日の練習が始まり、漕艇場の水上で過酷なトレーニングが続く。入部するまでの奔放な食生活が祟《たた》り、「舵手としては太りすぎ」と叱咤《しった》され、ご飯は茶碗に三分の一に制限、夜は三〇分のサウナ風呂も命じられた。

　もちろん、練習だけしているわけではない。戸田から一時間ほどかけて大学に通い、授業にも出なくてはならない。体力には自信があったが、それでも一日が終わるとさすがに疲れ果てていた。

　漕艇部の部員は総じて学生運動とは無縁だったが、一つの目標に向かって厳しいトレーニングを毎日続けていれば、他のことを考える余裕がなくなるのもわかる気がした。

入部してしばらくすると、先輩やＯＢに会った際の「ちわっす（こんにちはの略）」という体育会独特の大声での挨拶にも慣れ、私の生活も次第に漕艇部が中心になっていった。

一〇月半ばに戸田のボートコースで行われた新人戦では、最大のライバルである慶應大学クルーに勝利することができた。なによりも、八人のクルーが一つになっての勝利は格別だった。コックスとして勧誘された自分の役割を果たせたことにホッとしてもいた。コースの周辺で多くの観衆が声援を送ってくれた光景はいまも忘れることができない。

川口大三郎君虐殺事件

新人戦が終わると、一一月一日から六日まで、「早稲田祭」が本部キャンパスなどを会場にして催された。

サークルの展示や模擬店などが軒を連ね、有名人の講演会などの企画も多彩で、来場者は学外からも含めて六日間で十数万人にも及ぶ。私も入学したときから楽しみに待ちかねていて、埼玉・戸田の合宿所から連日のように通った。

会場ではキャンパスの各門にゲートが設けられ、入場券の役割を果たす早稲田祭の「公式パンフレット」を提示することになっていた。公式パンフレットは一冊二百円（その後、四百円に値上げ）で企業の広告なども多数掲載されていた。

それらの収入の多くは早稲田祭実行委員会の活動資金になるのだが、実はその早稲田祭実行委員会の執行部を革マル派が掌握していた。各ゲートでパンフレットをチェックしている者の多くは、「Z」印の革マル派のヘルメットをかぶった学生たちだったが、そんなことを気にする入場者はほとんどいなかった。

早稲田祭が終わった二日後、一一月八日に川口大三郎君の虐殺事件が起きた。朝日新聞の一一月九日付の夕刊は、事件の一報を以下の書き出しで報じていた。

「九日早朝、東京都文京区の東大病院アーケード下で若い男の死体がみつかった。本富士署で調べたところ、全身にリンチにあったらしい内出血の跡があり、早大第一文学部二年川口大三郎君（二〇）＝下宿先、川崎市多摩区宿河原＝とわかった。警視庁公安一課は、過激派のなかのトラブルから早大の教室でリンチにあって殺され、同病院に運ばれたとみて同署に殺人、死体遺棄の捜査本部を置いた。」

記事には、東大病院の遺体遺棄現場付近の写真とともに、「早大生　リンチで殺される」「革マル派が犯行発表『戦車反対集会でスパイ』」「教室で犯行　東大に遺棄」「早大教授ら現場へ行ったが警察には届けず」などの見出しが付けられていた。事件が発覚した経緯や革マル派の対応などについては以下のように書かれていた。

「同日午前七時二十分ごろ牛込署に早大生から『友人の川口君がいなくなった。八日夜、早大構内でトラブルがあったようで、このトラブルに関係したらしい』と一一〇番で連絡があった。

同本部は川崎市に住む川口君の姉に死体の写真をみせたところ、『本人だと思う』といっており、同本部は川口君に間違いないとしている。（中略）同本部は友人の話などから犯行場所は早大構内とみている。川口君は八日昼ごろ、セーターにGパン姿で下宿先を出たままだった、という。」

「警察当局の調べによると川口君は八日午後二時ごろ、早大文学部前の校庭で学友三人と談笑していた。そのとき、革マル系らしい学生四、五人が近づき、川口君を近くの文学部一二七番教室に連れこんだ。川口君といっしょにいた学友が午後三時ごろ文学部教授に連絡し、一二七番教室に行ったところ、同教室入口で革マル系学生四、五人がピケ（ピケット＝人間の盾＝筆者）を張り、はいれなかったという。さらに午後五時、午後十時の二回にわたり、第一文学部教授らが同教室に近づいたが、ピケ隊の一人は『十時半ごろに車が来たらピケはやめる』といい、九日午前零時半ごろ、再度同教室に行ってみると学生らの姿は消えていた。

この間、大学側から警察への届け出はまったくなく、九日朝も警察が問合わせるまで大学側は連絡もしてこなかった。

同教室内は机などが乱れて格闘したあとがあり、隣の一二八番教室ではタタミ二枚分ぐらいにわたりコンクリートの床を水で洗った形跡があった。」

記事では、革マル派全学連の馬場素明委員長が同派による犯行を認め、同日午後零時半過ぎに開いた記者会見の内容も伝えていた。「八日夕、神奈川県相模原市の米軍戦車搬送に対し阻止行動を展開するため革マル派が早大構内で決起集会を開いたが、この中で川口君が〝スパイ活動〟をしているのを摘発した。自己批判を求めたところ、事実を認めたので、さらに追及しているうちにショック症状を起し死んだ」「スパイ活動を批判する中で発生した事件である」という革マル派の見解を伝えた後、「革マル派は川口君を中核派だとしているが、警視庁では確認していない。」と付記されていた。

翌日の朝日新聞の朝刊では、東大法医学教室による司法解剖の結果も報じられた。「死因は、丸太や角材でめちゃくちゃに強打され、体全体が細胞破壊を起してショック死していることがわかった。死亡時間は八日夜九時から九日午前零時までの間とみられる。

体の打撲傷の跡は四十カ所を超え、とくに背中と両腕は厚い皮下出血をしていた。外傷の一部は、先のとがったもので引っかかれた形跡もあり、両手首や腰、首にはヒモでしばったような跡もあった。」

さらに、その下には「中核派　川口君はシンパ　〝断固反撃〟と発表」という小さな見出しで、中核派の政治局員が「川口君は、ときどき中核派の集会に参加していたシンパ的な学生で、活動家ではなかった」と発表したとあり、「事件の一週間ほど前のクラス討論で、川口君が、革マルの方針に批判的だったため、中核派の学生ときめつけられたのではないか」という推論をもとに、「中核派と間違えて殺した以上、断固反撃する」と語ったと書かれていた。

私が事件を知ったのは、川口君の遺体発見が報じられた九日の夜だった。ボート部の合宿所で新聞の記事を読み、思わず体が震えた。すぐ数人の級友たちに連絡を取り、情報を集めた。川口君が私たちと同じJ組の一年先輩だったことがわかり、さらにショックを受けた。

翌一〇日、私はとりあえず語学の授業に出た。革マル派は文学部のキャンパスでは集会やデモはしておらず、一見すると普段と変わらない光景だったが、キャンパスを行き交う学生たちに、革マル派への怒りと恐怖という二つの感情が広がっているのが明らかに感じられた。

一年J組の中国語の授業には、普段なら、前年に単位を落とした二年J組の先輩たち、つまり川口君の同級生も何人かは出席していた。しかし、この日、先輩たちの姿はなかった。クラスメートの突然の悲報に、授業どころではなかったのだろう。私たちのクラスは、二年J組とのつながりが深く、クラスコンパなどに飛び入り参加してくれる先輩たちも多かった。私自身は、川口君のことを直接知っていたわけではなかったが、テレビのニュースで流れた川口君の写真を見た級友たちが、「教室で見かけたことがある」と話していた。

絶対に革マル派は許せない。とにかく、何かしなければ。私も私の級友たちも、そんな思いを次第に募らせていった。

川口君の拉致現場にいた親友の証言

川口君は、なぜ殺されなくてはならなかったのか？

後年になっても、私の胸の奥深くには、ずっとこの「問い」が燻《くすぶ》り続けていた。

二〇一九年の秋、私はその答えへの手がかりを得るために、川口君の同級生で、親友だった二葉幸三さんに会った。

事件当日、二葉さんは川口君が革マル派に拉致された現場に居合わせていたが、これまで長い間、その時の状況を少数の警察関係者以外の誰にも語らず沈黙を貫いてきた。それでも、私が電話で取材をお願いすると、「いいよ。わかっているよ」と答え、こう続けた。

「実は数年前、級友たちとの内輪の会合で、当時のことを初めて話したんだ。公になることを前提に取材を受けるのは初めてだけど、七〇歳間近の年齢になって、やっと踏ん切りがついたよ」

数日後、二葉さんが住む東京郊外の団地の近くの喫茶店で会うことになった。二葉さんは少し緊張した様子だったが、カバンから当時の手帳を取り出すと、それを時々見ながら事件当時のことを詳しく話してくれた。以下、「聞き書き」の形で筆を進める。

川口が革マルに拉致されたのは、一一月八日の午後二時過ぎだった。あの日、あいつは体育の授業に出ていた。文学部キャンパスに隣接する体育局でのボクシングの授業だったな。授業の後、文学部の正門の方からとことこ、こちらに向かって歩いてきたんだ。確か、白いタートルネックのセーターにジーンズ姿。あいつは次の授業に出るつもりで、文学部キャンパスへのスロープの脇にある階段を上がって行くところだった。級友のIと一緒だった。僕は、その階段の下にある「テレビ芸術研究会」というサークルの部室の前で、映画の上映会の案内看板を描いていた。

僕は、近づいてきた川口に声をかけた。

「どうしたんや？」

川口は、こう答えた。

「あ〜あ、かったるい。久しぶりに体を動かして、体が痛いわ」

僕は笑って、こんな言葉を返した。

「年寄りみたいなことを言うんじゃない！」

それが、僕と川口との最後のやり取りになってしまった。

その後、川口は僕の前を通り過ぎ、講義棟の並ぶ中庭への階段を上って行った。

僕は、再び「看板描き」の作業を始めた。その直後、Iが息せき切って階段を駆け下りてきて、「川口が革マルに連れて行かれた」と言うんだ。Iは、ただならぬ表情だった。

でも、あの時、僕は、「革マル派はあいつに何か用事でもあるんだろう」ぐらいに、軽く考えた。そう思ったのには、「根拠」があった。

あの年の春、つまり、事件の半年以上前のことだけど、川口は別の同級生に誘われて、中核派の集会や勉強会に出席したことがあった。実は、僕も誘われたけど断っていた。川口は正義感が強く、真っすぐな男で、当時は部落解放運動に強い関心を持っていた。

デモなんかにも出ていて、それを接点にして中核派の集会に誘われた。でも、夏休み前には、「中核派にはついていけない」と言っていた。

九月の初めに会った時、「彼らはしつこい。断っても電話してくる」と相談を受けたので、僕は知り合いだった早稲田の中核派の活動家に密かに会った。川口からの苦情を伝えると、彼は「もう、声かけはしていない。何度か連絡しても、来ないので、川口君には袖にされたと判断している」と言った。これを聞いて、僕は「完全に切れている」と安心した。だから、川口が革マルに連れて行かれた時、どこかピンとこなかった。

事件の約一週間前にも、僕は高田馬場の駅近くの居酒屋「清龍」で川口と一緒に飲んでいる。そこで僕がその話を伝えると、川口は安心した表情で、「俺もそのつもりだ。中核派とはもう接触していない。誘われることもなくなった」とはっきり言っていた。

あいつは酔った勢いもあって「中核派も革マル派も、結局は同じだ。同じ革共同（革命的共産主義者同盟）という傘の下にいる奴らなんだ」というので、「お前は今頃になって分かったのか。激しく敵対しているのは、近親憎悪みたいなものだ」と、私も〝軽口〟を叩いて返した。

当時の新聞には、事件の一週間前のクラス討論で、川口が中核派を支持するような意見を述べたから革マル派に目をつけられたなどと書かれているものもあるけど、これも絶対にあり得ない。あの年の一〇月末に神宮球場での早慶戦が第三戦にもつれ込んだ末に、慶應が勝って優勝した。目の前で、敵チームが優勝を喜ぶ姿を見せつけられ、僕たちはやけ酒を飲みまくるしかなかった。その後は早稲田祭の週になり、授業はなかった。なのに、どうやってクラス討論なんかできるのか。

川口は中核派とは絶対に無関係だ。短期間、確かに接点はあったけれど、八月以降は完全に切れていた。飲み会で川口は「自分は将来、教員になりたい」とも言っていた。「あいつの人生に、はっきりした目標ができた」と思い、僕も嬉しかった。

でも、それを実現できないまま、あいつは殺された。

あの頃、僕は文学部の革マル派の人間たちをかなり見知っていた。変に思われるかもしれないけれど、彼らが自治会室と称していた教室に入って、革マルの活動家たちと話をしたことも何度かあった。今から思えば、自治会室に連れ込まれたことの意味を重く考えられなかったのは、そのせいもあると思って後悔している。

あの日、川口が連れて行かれた直後に、Iに連れられて後を追うように階段を上がった。川口が連れ込まれたのは「自治会室」の隣の一二七番教室だった。その教室の前で、二人の男が見張りをしていた。そのうちの一人は、第二文学部のTという男だった。「友だちが連れ込まれたという話があるんだけれど、出してくれないかな」と頼むと、Tは「ダメだ」と言う。その時点でも、僕は、革マルの連中は川口になんか用があるらしい、といったことしか思い浮かばなかった。

Tは「お前ら、関係ないから帰れ」と何度も言ったけど、僕は「関係ないわけないじゃん。だって、川口は友だちなんだ」と言い返していた。外で僕たちが騒いでいたからだと思うが、教室のドアが開いて、第一文学部のGが出てきた。僕は彼とも顔見知りだったので、彼にも「川口を返しくれ」と頼んだけれど、「ダメだ」と言う。

このやり取りの途中で、少しの間だけ開いたドアの向こう側に、教室の奥の方にいた川口の姿を、僕は見た。彼は机の上に座らされていて、こちらを向いていた。その前に、男二人が立ちはだかり、川口に向かって何か話しているようだった。「川口は、間違いなく、ここにいる」と思った。Gが教室に戻ると、ドアは再び閉じられた。

そのしばらく後、野口（野口洋二助教授・学生担当副主任＝筆者）という教員ら二人が教室前に来た。僕たち以外にも、クラスの何人かが川口が連れ込まれた場面を見ていて、そのうち女子の一人が通報してくれたことを、後で知った。二人の教員が来た時は、なんとかしてくれると期待したけれど、教室の前に立つTたちと小声で少し何か話しただけで、「お前ら、関係ないから帰れ」と言われると、帰ってしまった。正直に言えば、「何しに来たんだ、あいつらは」と思った。

午後四時頃だったと思うが、今度は一二九番教室か一二八番教室からSという女性活動家が出てきた。Sの目は血走っていて、「私たちは革命をやっているんだ。お前たちは、その邪魔をするのか」とこちらを難詰し始めた。僕は「そんな話じゃないだろ。友だちの川口を返してほしいと言っているだけなんだから」と言い返した。けれども、Sは取り合わず、「私たちはこれから革命をやる。お前らはそれに刃向かうのか」と一方的にまくし立てると、教室に戻っていった。

それと入れ替わるように、「自治会室」から男たちがたくさん出てきた。知った顔もいた。いずれも自治会で要職についている学生だった。その中の一人が「こいつら反革マルだ」と言い出して、その一言を機に、僕たちへの暴力が始まり、中庭の方へ出されてしまった。それで、やむなく、僕はテレビ芸術研究会の部室に戻った。

その少しあと、先ほど一二八番教室から出てきた二文のMとKの二人が部室に来て、僕を外へ引きずり出して、いきなり腹や顔を殴り始めた。Mは「こんなサークル、一文は認めても、俺たち二文は認めないぞ」と言いながら。この時には、「何するんですか」と抗議した一年生のK君も一緒に殴られた。その後、Mたちは引き揚げていった。午後五時頃、だんだん暗くなってきたので、僕は部室を出て下宿へ帰った。Mたちに殴られた時点で、僕は「異変」に気づくべきだったんだ。

二葉さんはポツリポツリ、自問するようにゆっくりと話し続けた。

川口君が革マル派によって自治会室へ連行された経緯については、他の級友たちの証言もある。

「早稲田大学第一文学部11・8川口大三郎君追悼集編集委員会」が刊行した『声なき絶叫』によると、一一月八日の昼過ぎ、川口君は体育の授業に出る前にも、革マル派の学生に声をかけられていた。体育局のロッカー室で級友と二人で着替えていると、革マル派の二人の男が近づき、「ロッカーの私物化は許せない」として、学年、クラス、氏名を聞いた。「二J の川口大三郎だ」と川口君が答えると、男の一人が「君は中核派の中央委員会に出なかったか」と突然尋ねた。「そんなものは知らん」と川口君が答えると、その場は収まったという。

中庭で川口君と一緒にいて、彼を守ろうとした別の級友は、記念会堂の裏へ連れて行かれ、「お前は反革マルか」と詰問され、暴行を受けていた。革マル派から「階級斗争を担っていない君たちには関係ない。川口はブクロ（中核派の蔑称。当時、池袋に拠点の前進社があったために、この蔑称ができた＝筆者）なんだぞ」と言われた級友もいた。八日の夕方、文学部当局に電話し、応対した教員に「一人の学生が自治会室に連れ込まれている。もし何かあれば、どう責任を取るのか」と詰め寄った級友もいた。その教員が「君よりも前に（別の学生から）連絡があったので見に行ったが、異常はなかった。大丈夫なんじゃないか」と答えたので、この級友は安心してしまったのだという。

毎日新聞は、川口君が革マル派に連行される途中、「助けてくれ」と何度も繰り返し、さらには「警察に連絡してくれ」と叫んでいたと報じていた。

リンチ殺人を他人事のように語った早大総長

再び、二葉さんの「聞き書き」に戻る。

翌日（一一月九日）の午前一〇時頃、下宿先に電話があった。「本富士警察署の者です」と名乗るので、戸惑った。後で聞くと、川口の遺体はこの日の早朝、東大病院の前で見つかっていたので、東大病院を管内に持つ本富士署から最初に電話があったのだ。本富士署の刑事は「二葉さんですね。ちょっと警察に来てもらわないといけないので、連絡を待ってください」と言った。その直後、牛込署からも電話がかかってきた。「すぐに牛込署へ来てくれるか」と言われた。僕は「川口のことですか？」と尋ねたけど、「来てくれたら、話す」と言うだけだった。僕は、胸が締め付けられるような思いで下宿を出て、電車とバスを乗り継いで牛込署へ向かった。

牛込署に着くと、取調室のような部屋に案内された。そこで、刑事に聞かれるまま、僕の前日の行動を話した。その後、刑事が「ちょっと、確認してほしい人がいる」と告げ、別室に連れて行かれた。

その部屋の片隅に、白っぽいシーツに覆われ、ベッドに寝かされている「人」がいた。

遺体だと直感した。刑事が顔の部分のシーツの覆いを取り、「この人は、川口大三郎さんですか？」と尋ねた。

頬に赤紫になった傷があったけれど、その他の部分はきれいだった。僕は「間違いなく川口です」と答えた。朝、警察から電話があった時点で、川口は殺されたのだと思っていたので、川口の死に顔を見せられた時も、「自分は冷静だ」と、思い込もうとしていたはずだった。

でも、そこから二時間ほど、僕の記憶は飛んでいる。たぶん、牛込署を出た後、茫然《ぼうぜん》自失《じしつ》の状態で早稲田大学の方へ歩き、文学部の前を通って、さらに歩き続けていたのだと思う。高田馬場駅の近くを歩いていた時、我に返り、「川口のお姉さんに電話しなければ」と思い立った。川口はお姉さんと仲が良く、お姉さんの嫁ぎ先の川崎市の家に下宿し、彼女の夫が経営している建設業の会社でアルバイトもしていた。

公衆電話から電話すると、お姉さんがすぐに出て、「母もここへ来ています。母に代わります」と言った。すでに警察から連絡が入っていて、お母さんは伊東市の自宅から出てきていたのだと思った。僕はお母さんに「今からそちらへお伺いしてもいいですか？」と聞くと、お母さんは「ぜひ、来てください」と言ってくれた。僕は新宿から小田急線に乗り、登戸駅で降りて電話し、その案内に従って、初めてお姉さんの家を訪ねた。お姉さんのご主人もいた。

僕は、川口のお母さんやお姉さんたちにひたすら頭を下げた。前日の出来事を正直に話し、「川口と一緒にいながら、彼を救うことができませんでした。申し訳ありませんでした」と謝った。お母さんが「あなたがそんなことを思わなくてもいいのよ。やむを得なかったことなのよ」と慰めてくれたことを、今も覚えている。

翌一〇日に通夜があった。夜遅くになって、早稲田大学の村井資長総長と渡辺真一学生部長が来た。二Jのクラス担任の長谷川良一先生も同行していた。村井総長は、ありきたりなお悔やみの言葉を述べた後、「文学部だから、こんなことが起こった。文学部はひどい状態だった」と話し始めた。これを聞いて、僕は頭に血が上った。まるで評論家のような、他人事の口ぶりに対して。

「そんなこと、言っちゃいけないでしょ。あなた、大学の責任者だろ。大学の責任者として、学生の命を守れなかったんだ。無責任なことを言っちゃいけない」

僕は強い口調で言った。

村井総長は黙ったままだった。彼らが足早に引き揚げた後、川口のお姉さんのご主人から「二葉君、仮にも大学の先生に向かって、あんなひどい言い方をしてはいけない」とお叱りの言葉を受けた。けれども、僕にしてみれば、村井総長の言葉は絶対に許せなかった。周りに人がいなかったら、ひっぱたいていたかもしれない。

一一月一一日、お姉さんの家で川口の葬儀があった。僕のクラスからも一〇人近くが出席した。葬儀が終わると、お母さんが挨拶をされた。涙ぐみながら、感極まったように「大三郎の周りにいた人に、なんとか息子を救出してもらえなかったのか、悔やまれます」とおっしゃった。胸の奥に溜まっていた思いを述べられたのだ。その言葉を聞き、僕は号泣した。葬儀が終わった後も、僕は泣き続けた。級友たちが「お前のせいじゃない」と言葉をかけてくれる度に、またしゃくり上げて泣いた。川口と、ご家族に申し訳ない、僕が川口を死なせてしまったという気持ちに苛《さいな》まれ続けた。

一一月一七日には川口の学生葬が大学の本部キャンパスの前の大隈講堂であったけれど、僕は出席せず、広島の実家に帰った。その直前にクラスの討論の場に一度だけ顔を出し、「田舎へ帰る」とみんなに告げた。それから二週間ほど、東京には戻らなかった。川口が殺されるんだったら、僕だって殺されてもおかしくない。僕も、中核派の人間を知っていたし、会ってもいた。クラスには、川口と僕を中核派の集会に誘った別の級友もいる。この級友は、僕や川口よりも、はるかに中核派に近い。彼が襲われる可能性だってある。もう東京の下宿にはいられない。そんな気持ちになっていた。

以上が、二葉さんが語った川口君の拉致から葬儀に至るまでの記憶である。

大学構内の教室の中で起きた事件なのに、大学当局は、必要な措置をとらなかった。

革マル派は普段から、反対派の学生や教授らへの暴力事件を頻繁に起こしていたのに、教室へ連れ込まれたまま戻らない学生を救出できなかった。

言うまでもなく教室の施設管理権は、大学当局にある。様子を見に行った二人の教員は川口君の身の危険を十分に察知できたはずであり、施設管理権を行使し、警察に出動要請をしていれば、川口君の命を救うことはできたのだ。半世紀前の出来事であることは承知の上で、大学当局の責任は免れないと思う。

革マル派の声明文に対する反発

その後、川口君がリンチを受け、絶命したのは、最初に連れ込まれた一二七番教室ではなく、隣の一二八番教室だったことが警察の実況見分でわかった。一二八番教室は革マル派が普段から自治会室として使用しており、そこから大量の血痕などが検出されたのだ。

事件直後、革マル派全学連は、馬場素明委員長の記者会見と前後して、中央執行委員会の名でも緊急声明を出していた。その声明はすぐにチラシとして活字印刷され、学内で大量に撒かれた。

声明文の冒頭は以下のようなものだった。

「十一月八日、中核派学生・川口大三郎君の死去という事態が発生した。この事態は、彼のスパイ活動にたいするわれわれの自己批判要求の過程で生じたものであった。それゆえわが全学連は、この不幸かつ遺憾な事態にたいし、全労働者階級人民の前にわれわれの責任ある態度を明らかにすることが階級的義務であると考える。

十一月八日、全学連は、政府支配階級が強行した相模補給廠（神奈川県相模原市にある在日アメリカ陸軍の補給施設＝筆者）からの戦車搬出にたいして断固たる緊急阻止行動を展開するために、早稲田大学に結集し総決起集会を実現した。ところがこの過程で、われわれは、早大構内における中核派学生・川口大三郎君のスパイ活動を摘発した。『革マル殲滅《せんめつ》』を呼号しつつ姑息《こそく》な敵対をつづけてきた中核派の一員としてスパイ活動を担った彼川口君にたいし、われわれは、当然にも原則的な自己批判を求めた。そして彼はスパイ活動の事実を認めた。それゆえわれわれは、さらに、彼のスパイ行為そのものへの誠実な自己反省を追及した。

ところがこの過程でわれわれの意図せざる事態が生じた。彼は、われわれの追及の過程で突然ショック的状況を起し死に至ったのである。」

その二日後の一一月一一日、革マル派全学連は馬場委員長の辞任を発表し、特別声明を出した。難解な運動用語を多用した声明の一部を抜粋する。

「左翼戦線内部での党派的闘いにおいても――まさに中核派の同志海老原・水山虐殺に

たいしてわが全学連が断固たる反撃行動をくりひろげたことに示されるように――ある特殊な政治力学関係のもとでは、他党派の組織を革命的に解体していくために、イデオロギー的・組織的闘いを基軸としつつも、時に暴力的形態をも伴うかたちで党派闘争を推進する場合があることを、単純に否定することはできない。」

「こうした特殊な暴力をあえて行使しなければならない場合には、対国家権力との緊張関係のもとに、かつ〈何のために・いかなる条件の下で・どのように〉という明確な理論的基礎づけのもとに、まさに組織の責任の下に組織的に遂行されねばならない。そしてその際にも、マルクス主義の原則＝プロレタリアート自己解放の理念から逸脱するような行為は決してとりえないのである。」

「このような確認にもかかわらず、川口君の死はひき起された。この具体的な結果からするならば、これに携わった全学連の一部の仲間たちは、このような原則にのっとっているという固い確信にたちながらもその思想性・組織性の未熟さのゆえに、事実上、原則からはみ出すような行為をおかしたものといわざるをえない。たとえそれがわれわれ自身が全く予期しなかった突発的なショック的状況のなかでの死であったとしても、この死がわれわれによる自己批判要求の過程で起きたものである以上、その責任を回避することはできないのである。」

馬場委員長の辞任を「自己反省の一端」であるとし、組織として一応は「自己批判」

しているようにも取れる内容ではあった。だが、ここでの「自己批判」は、あまりにも自分たちに都合のいい理屈であり、到底、納得のできるものではなかった。

革マル派は声明で、川口君は中核派活動家で、スパイ行為をしていたので追及した。その過程は正しかったが、死という事態を招いた。つまり、彼が死んでしまったので、その結果についてのみ、反省すると一貫して主張しているのだ。

革マル派は、自分たちが行使する「革命的暴力」は、組織的にコントロールできる、と考えていた。だから、川口君の「予期せぬ死」については自己批判するというのだ。その上で、自分たちの暴力は革命理論によって管理された暴力なので正しいが、他セクトの暴力はそうではないので間違っているとまで言い切っていた。

この声明を聞いて、それまで革マル派による学内での暴力行為について見て見ぬふりをしていた一般の学生も、さすがにもう黙ってはいなかった。そもそも、川口君がスパイであったと断定する言い分に疑惑の目が向けられていた。

第一文学部自治会の田中委員長は、事件の二日後から連日続いた一般の学生たちの抗議集会に出席して、「川口君のスパイ行為の事実を完全に立証し、裏付ける川口君の書いたメモを証拠物件として把握しているが、権力との緊張関係と高度の政治力学における特殊な問題なので、公開できない」と説明していた。それに対して、学生たちは「証拠があるなら、それを見せろ！」と追及していた。

田中委員長は毎日新聞の取材にも応じ、こう語っている。

「――川口君は君らに自己批判を要求されるようなことを本当にやっていたのか。

田中　われわれの調査で彼が新宿区のアジトに出入りし、一定の人とも接触していたことがはっきりしている。（中略）しかし母親の心情を考え、また〝左翼仁義〟からも、これ以上明らかにするのは控えたい。」

「――川口君のお母さんにあやまったといったが、その具体的な誠意として殺害犯人を自首させるつもりはないか。

田中　考えていない。自首は権力との闘いに敗れたことになり、自己批判をした意味がなくなる。」（一一月二二日付　朝刊）

私は、この記事の中の「母親の心情」「左翼仁義」という言葉に強い違和感を持った。「真実を話せば、母親の気持ちを傷つける。左翼の世界の仁義にも反する」という意味合いでの言葉であろうが、それ以前に田中委員長は、川口君がスパイであったという証拠を開示すべきであり、それができないのなら、スパイ行為はなかったと認めるべきなのだ。

田中委員長はこのインタビューで、川口君が中核派のアジトに出入りしていたとは述べたが、スパイ行為については一言も触れていなかった。

そして、田中委員長が表明したように、事件の実行犯が自首することはなかった。

警視庁の捜査は難航したが、二葉幸三さんら目撃者の証言に基づき、犯行時間帯に一二七番教室や一二八、一二九番教室に出入りしていた革マル派の活動家を特定し、事件から約一か月後の一二月一一日に、漸く一文と二文の自治会関係者が相次いで逮捕された。

しかし、彼らは取り調べに対して、「完全黙秘」を貫いたため、二葉さんらへの暴力行為についてのみ起訴され、肝心の川口君が殺された事件については立件されないまま釈放されることになった。

「落とし前をつけたる」

時計の針を、川口君の遺体が見つかった一一月九日に戻す。

この日の夕刻、川口君の親友、林勝昭さんが語学の授業を受けるために登校すると、文学部キャンパスのスロープの下で、級友のNさんと出会った。

「林さん。大変なことが起きました。川口が殺されたんです」

テレビも新聞も見ていなかった林さんには寝耳に水だった。「みんなが教室で待っています」とNさんに言われ、講義棟へ通じるスロープを駆け上がると、二年J組が語学の授業で使っている一階の教室には、すでに五〇人余りの学生たちが集まっていた。

林さんは、前述した一九七一年秋の一文の学生大会で、任侠映画の登場人物のような着流しスタイルで革マル派自治会批判のパフォーマンスを試みた人物である。社会人を経て入学していたこともあり、クラスのみんなから頼られていた。林さんは川口君と同じ伊東市の出身で、年下の川口君を弟のように思っていた。

みんなに促されて教壇に立つと、教室には林さんの知らない人もかなりいた。年恰好から、かつてＪ組に在籍した先輩たちかもしれないと思った。

級友たちから「これからどうすればいいのか」と聞かれ、林さんは思わず、「葬儀はいつやるのか？」と、社会人的発想で問い返したが、ハッと我に返り、「落とし前をつけたる」と吐き出すように言った。

それを聞いた級友たちはどよめき、教室後方の上級生らしき学生からは「あいつ、バカだな。革マル派に殺されるぞ」と心配する声も聞こえてきた。

「命をかけても、クラスをまとめて川口のために闘う。任侠風の言い回しだったけど、私の気持ちを正直に表した言葉でした」と、林さんは当時を振り返る。

川口君が殺される数日前、林さんはもう一人の級友も誘い、三人で飯田橋の映画館に行っていた。「恋愛映画ではなく、男くさい邦画でした」。映画を観たあと、喫茶店に立ち寄った際、川口君が「中核派もダメです。革マル派と同じですね」と言っていたのを林さんはよく覚えている。

「それを聞いて、鶴田浩二の任俠映画の主題歌に出てくる『今の世の中、右も左も真っ暗闇じゃござんせんか』という名セリフを連想した。だから、記憶は確かです。その川口が中核派の活動家だなんて、あり得ない。まして、川口がスパイ行為をしていたなんて、絶対にあり得ません」

学生たちの怒りが一気に爆発

翌一〇日、文学部キャンパスでの語学の授業に二Jの先輩たちの姿はなかったが、クラスをまとめていた林さんによると、彼らは事件が報道されて以降、しばらくの間は授業に出ず、新宿や高田馬場の喫茶店など場所を変えながら、クラスとしてどう動くかの議論を続けていた。

そこで決まった最初の取り組みは級友たちの思いをまとめたチラシを作ることだった。早速、事件から四日目の一一月一一日の朝、出来上がったチラシを高田馬場駅周辺で学生や通勤途中の会社員らに配ったという。それからは大学の近くの喫茶店に陣取り、本部キャンパスや文学部キャンパスの動向を探りながら、来るべき「出番」を待ち続けた。

本部キャンパスで革マル派への抗議行動を最初に始めたのは、日本共産党系の民青（日本民主青年同盟）が主導権を握る法学部自治会の執行部メンバーたちだった。

一一日午前一〇時頃、法学部自治会副執行委員長（当時）の浅野文夫さんら五～六人がチラシを持って大隈銅像の前に行き、ハンドマイクで「革マル派による川口君虐殺は許さない」と演説を始めた。すぐに革マル派の十数人に取り囲まれ、「お前ら民青に批判する資格はない」と罵倒され、小競り合いになった。

一方、革マル派は少し離れた大隈講堂の前の広場で、「川口君追悼」と大書した数枚の立て看板を並べ、「我々は川口君の死を追悼する」と演説を始めていた。革マル派の方が数では上回っていた。

浅野さんたちはいったん引き下がり、午前中の授業が一斉に終わる一一時半に合わせ、今度は十数人で再び、大隈銅像前に出た。やはり二〇人ほどの革マル派活動家に取り囲まれたが、ハンドマイクで演説を続けていると、授業を終えて校舎から出てきた法学部、政経学部、商学部などの学生たちが続々と集まり、浅野さんたちを取り囲む革マルの学生たちを、さらに外側から取り囲んだ。

「お前たち、人を殺しておいて何やってんだ！」「どの面《つら》下げて、川口君の追悼なんだ！」と怒号が飛び交い、学生たちは革マル派の活動家たちを小突き始めた。

その輪がどんどん広がり、革マル派の活動家は逃げたが、学生たちは追いかけ、そのうちの一人を捕まえた。そして、校舎から長机などを運び出し、広場の一角に即席の演台を作ると、捕まえた革マル派の学生を立たせ、糾弾集会が始まった。

浅野さんは、こう振り返る。

「それまで政治活動に積極的に関わってこなかった学生たちが怒りを爆発させたんです。その連鎖反応に驚いた。感動したというか、心が沸き立った。あの頃、いわゆる一般学生の革マル派への怒りは頂点に達していて、革マル派の活動家をいきなり殴る学生もいました。自宅から金槌《かなづち》を持ってきて、ヘルメット越しに殴りつけようとする学生もいて、制止するのが大変でした。今も断言できますが、彼らのほとんどは、政治セクトとは無縁の普通の学生でした。異様な興奮がキャンパスを覆っていて、その熱に冒されていた。私たちは他の学生と一緒になって、長机を持ち出して演台を作り、ハンドマイクを提供しました。ただ、糾弾集会に民青というレッテルが貼られるのを避けるため、私たちは表に立たず、支える側に回ったんです」

この日、革マル派糾弾集会は延々と続いた。途中、一文自治会の田中委員長が約四〇人のデモ隊列を率いて、壇上に立たされていた革マル派活動家を救出に来た。しかし、一五〇〇人以上に膨れ上がっていた学生たちは、逆に田中委員長らを壇上に上げて追及をさらに続けた。

その後、革マル派は新たに応援を繰り出し、隊列を組んで集会に突っ込むと、田中委員長らを救出して、そのまま彼らの拠点となっていた学生会館に逃げ込んだが、それに怒った学生たちは学生会館の一階ラウンジになだれ込み、そこでまた集会が続けられた。

ラウンジを埋め尽くした学生たちは「一三日以降も糾弾集会を続けること」を確認し、集会議長団の四人を決めて夕刻にやっと解散した。

機動隊への救出要請

翌一二日は日曜日で、大学当局はキャンパスをロックアウト（全ての門を閉じる）した。

一三日になると、法学部などで「虐殺糾弾」「革マル派糾弾」のクラス決議が次々に上がった。大隈銅像前には同趣旨の立て看板がずらりと並び、一一日の熱気のままに学生集会が再開された。

一方、革マル派は午後になると、第一文学部に隣接した早稲田記念会堂前の広場で事件への批判について「事実無根」を訴える集会を開いたが、これに憤激した学生たちが会場にいた田中委員長らを取り囲み、そのまま両脇を抱えて本部キャンパスに連行した。大隈銅像前の広場で続いていた学生集会の演台に田中委員長らを立たせると、再び糾弾が始まった。

この日、林さんは大学の近くの喫茶店で待機していたが、「大隈銅像の前で、田中委員長らが演台に上げられて、追及を受けています」との級友からの報告に、「今がチャンスだ」と仲間たちを率いて集会に合流した。

午後三時頃、林さんたちが集会会場に着くと、議長団の学生が「川口君のいた二Jの級友たちが来てくれました」と紹介し、二〇〇〇人以上に膨れ上がっていた学生たちから大きな拍手が起きた。最初は、日頃から弁の立つ級友に話してもらったが、大勢の学生を前に緊張したのか要領を得ず、林さんは自ら壇上に立つことにした。

「私は二八歳です。みなさんよりずっと年上ですが、川口と同級生でした。川口は絶対に、中核派のスパイではありません。断言します」

林さんが話し始めると、聴衆は静まり返った。

「きっと、私の話しぶりから、セクトの人間ではない、普通の学生だとわかったからだと思います。集会の参加者たちは、革マル派の一方的な自己正当化を前に、半信半疑のところもあったと思いますが、私の話を聞いて、空気がガラリと変わったのです。それで、田中委員長をはじめ、何人も並んでいる革マル派の連中に、川口がスパイではなかったことをはっきり認めさせるための追及の場になっていったんです」

しかし、それでも田中委員長は「川口君がスパイ活動を認めた文書もあるが、公開はできない」との主張を変えない。林さんたちが声を荒らげて、「そんなはずはない。それなら証拠を見せろ」と追及し続けると、田中委員長はついには押し黙ってしまった。

このまま時間が過ぎれば、追及の場が消滅してしまうかもしれない。そう思った林さんは、午後九時頃、壇上で、やおら上着を脱ぎ、シャツも脱ぎ、もろ肌を見せた。

「こっちは本気だと知らせるために、上半身裸になったのです。あの日は夜に入って、急激に冷え込みました。焼身自殺はできないけれど、上半身裸になって、『川口はスパイではなかったと、はっきり認めろ』と革マル派に迫ったのです」

林さんに続き、二Jの級友ら二人も相次いで上半身裸になった。

「もう死んでもいい。私も、他の級友も、そんな気持ちでした」

林さんが今も気になっているのは、演台にいた革マル派の一人が林さんに向かって押し殺した声で、「公安警察は恐ろしいぞ」と吐き捨てた言葉だ。

「彼自身が感じている公安警察の恐ろしさを伝えたかったのか。それとも、私たちのことを公安警察の手先と考えていたのか。いずれにしても、彼らは、自分たちが被害者だと思い込み、それを支えにしていたのだと思います」

この「公安警察は恐ろしいぞ」という言葉は、単に公安警察が政治セクトの動きを監視しているという意味にとどまらず、もう一つの「闇の世界」への疑念を私に抱かせた。革マル派の男は、公安警察の影響力を肌で感じ、それを「恐ろしい」と受け止めていた。時には、ある種の取引すら成り立っていたのではないのか、とその時の私は思った。

その後も追及集会は膠着《こうちゃく》したまま、翌一四日の明け方まで二〇時間近く続いていた。

午前八時前、大きな動きがあった。会場に残っていた四〇〇～五〇〇人の学生たちの前に、突然、五〇人ほどの機動隊が現れて、田中委員長ら壇上にいた六人の革マル派の活動家たちを連れ出していったのだ。

「機動隊は、私たちではなくて、革マル派の連中を助けに来たんです」と林さんは憤《いきどお》るが、大学当局が四度にわたって警察に「革マル派の救出要請」を出していたことが後に判明する。


事件が発覚してからそれまでの間、大学当局はどう対応していたのか。

一一月一一日午後、キャンパスが騒然とする中で、大学側は全授業を休講とした。午後五時には全ての校門を閉じ、翌一二日も終日、「ロックアウト」の措置を取った。

そして、一三日には、村井資長総長の名前で「不祥事に関する声明」を発表し、田中敏夫一文自治会委員長をはじめ、第一、第二文学部の両自治会の三役七人について処分（一、二文の委員長二人を除籍、副委員長と書記長の計五人を無期停学）を決定した。

機動隊の導入を要請し、学生集会で糾弾を受けていた田中委員長らを救出した一四日、第一文学部と第二文学部の教授会、教員会は「学生諸君へ」と題した声明を出している。そこでは、「学園の平和回復こそが川口君の死を悼む唯一の道であると信ずる」として、当分の間、授業を休講とする方針を明らかにした。

一四日、村井資長総長は自宅で毎日新聞の単独会見に応じ、こんな発言をしている。

「確かに革マル派は悪いが彼らがねらうのは派閥抗争の相手で一種のケンカだ。ケンカは力の強い者が弱い者を倒す。この暴力が、正しいと信じることを勇気をもって主張するという言論の自由を尊ぶ人に対して起きたのだとすれば、それを放置した責任は大きい。だが、私たちの調査したところでは、こんどの事件の直接の原因は、川口君が〝反早稲田祭〟を掲げるグループの一人だったことだ。(中略)そのグループと革マル派の間の派閥抗争の論理がこんどの事件にははたらいている。派閥の存在を許している大学の責任という意味ではおわびをするが……。」(一五日付　朝刊)

ここで村井総長は、事件の原因について「派閥抗争によるもの」との見解を示したのだ。

そもそも、大学当局には、革マル派の暴力支配のもとでキャンパスの「自由」が逼塞《ひっそく》しているという現状認識がなかったのだろう。村井総長の発言からは、いま大学で暴力に晒されている学生たちを救わなくてはならないという意志は全く伝わってこなかった。

川口君追悼学生葬

一一月一七日、「川口君追悼学生葬」が二年J組の級友たちの主催で開催された。
午後二時半過ぎに開会すると、会場となった大隈講堂は約一五〇〇人の学生で埋め尽くされ、外には入り切れなかった千数百人の学生がスピーカーから流れる講堂内での式の様子を聞いていた。

会場正面の祭壇は白い菊の花で飾られ、遺影の横には「俺は早稲田が好きだ」という川口君が日頃からよく口にしていた言葉が添えられていた。

川口君は、級友たちとともに早稲田の学費値上げ反対運動にも熱心に取り組み、「値上げされたら、俺のような貧乏人が早稲田に入れなくなる」が口癖だった。一年生の秋には、早稲田の校風を昂揚させることを目的とした「早稲田精神昂揚会」という伝統的なサークルに入り、当時は原理研究会に近い存在とされていた「早稲田学生新聞会」に籍を置いたこともある。若くして父親を亡くして苦労していたが、決して暗さはなく、好奇心が旺盛な明るい性格だったという。

この日、驚いたことに学生葬が始まる頃、左腕に喪章を巻いた革マル派第一文学部自治会の田中委員長がすでに超満員だった大隈講堂にたった一人で入ってきて、「参列させてほしい」と申し入れてきた。この時、会場を包み込んだ異様な空気を私は忘れられない。

「川口を殺した人間なんか入れるな！」

参列する学生たちから怒号が飛び交う中、入り口付近に立つ田中委員長を、川口君の級友たちが取り囲んだ。

「川口を生きて返せ！」

「土下座して謝れ！」

級友たちは泣きながら、田中委員長に詰め寄ったが、田中委員長は終始無言だった。

葬儀委員長の林勝昭さんは級友たちと協議の上、発言しないことを条件に参列を認め、田中委員長を最前列右側の席に着席させた。

学生葬に村井総長は参列せず、代理で浜田健三理事が挨拶をしたが、「村井総長を出せっ！」などの学生たちの激しい怒号で挨拶は全く聞き取れなかった。

会場では、級友たちが次々に川口君への思いを語り、大学当局の無策を糾弾した。

私も一年生の代表として弔辞を述べ、「革マル派に暴力支配されている大学キャンパスに自由を取り戻す。そうしなければ、川口先輩の死を無駄にすることになってしまう」と霊前に誓った。

開式してしばらくすると、それまでうなだれて参列者の弔辞を静かに聞いていた田中委員長が、突然立ち上がり、壇上に駆け上がった。壇上にいた葬儀委員長の林さんが慌てて彼を抱き止め、そのまま壇下に押し戻したが、田中委員長は約束に反してマイクを握り、何かを発言するつもりだったのかもしれない。林さんの機転で田中委員長に発言の機会を与えることはなかった。

午後四時前、会場に川口大三郎君を女手一つで育てた母親のサトさんも駆けつけた。

サトさんは最前列左側の席に着席すると、すぐにその気配を察したのだろう、同列の少し離れた席にいる田中委員長を見つめる。

すると、田中委員長は立ち上がってサトさんの前に歩み寄り、深々と頭を下げた。その時、彼が何か謝罪の言葉をつぶやいたように私には思えた。

それまで涙をこらえていたサトさんがハンカチで顔を覆うと、報道陣のカメラが取り囲み、フラッシュがたかれ続ける。

「お母さんに謝れっ！」

級友たちが再び泣きながら叫んだ。

サトさんが挨拶のために壇上に上がるまで、田中委員長は頭を深く垂れたまま、憔悴《しょうすい》した表情で、その場に立ち尽くした。

「わたしは大三郎という大事な宝をなくしました。その宝をなくしたいまとなっては、余生には希望も何もありません。しかし、残る余生を大学の怠慢と『革マル』の暴力追放のために闘います。大三郎がほれにほれ抜いたワセダ精神を一日も早く取り戻して下さい。二度と暴力のない昔のワセダ精神を」

サトさんが最愛の息子を失った無念の思いを、声を振り絞るように語ると、会場のあちこちからすすり泣く声が聞かれた。

学生葬は早稲田大学の校歌「都の西北」の大合唱で締めくくられた。校歌を歌うことにしたのは林さんの提案だった。

「川口は早稲田が本当に好きだった。だから校歌で送ってやりたかった。セクトとかイデオロギーとは無縁の一般学生が主催した学生葬だと示したかったんです。それと、機動隊導入で革マル派の連中を救出する大学当局に対して、我々のことを無視するな、我々こそ早稲田の学生なんだ、と訴える気持ちも込めました」

第三章　決起

早稲田大学の文学部キャンパスは、各学部が集中する本部キャンパスから南西へ約三〇〇メートルの小高い丘にあり、戸山キャンパスとも呼ばれている。本部キャンパスとは学生向けの飲食店や書店が立ち並ぶ狭い道でつながり、学生街を形成していた。

この章では、私が在籍し、革マル派の最大の拠点でもあった文学部キャンパスでの事件後の動きに焦点をあてる。

初めて主催した私たちの抗議集会

川口君虐殺事件から三日後の一一月一一日の早朝、まず二年T組が動いた。

「同期の学友の一人が亡くなった。深く哀悼の意を表したい。党派同士の争いについては、なぜそういうことになるのか分からない。しかし、こうまでして人の命を奪うことが、政治運動の名の下に許されるのだろうか。強く糾弾したい。」

クラスの数人が連れ立って、このクラス決議文を書いた模造紙を文学部キャンパスの中庭に密かに持ち込み、革マル派の立て看板の紙を引き剝がして、その上に貼りつけた。

その張り紙には、十数人の賛同者の名前も書かれていた。名前を記した学生は血判状に名を連ねるような覚悟だったという。

この日、私の属する一年J組でも、語学の授業の後、教室で話し合いの場を持った。殺された川口君は二年J組で、一学年上とはいえ同じJ組の先輩たちとは普段から親しく、とても他人事とは思えなかったのだ。それはクラスの仲間に共通の思いだった。

そこでは、「すぐに行動すべき」という意見と、「しばらく様子を見守った方がいい」という慎重論が交錯したが、最後には「やろう」ということでまとまった。

早速、私たちはその午後に文学部正門を入ってすぐの長いスロープの下で最初の抗議集会を催すことにした。チラシやトランジスターメガホンなどの用意もなく、車座になった私たちの姿は、傍目には「お花見の宴会」のように見えたかもしれない。

「私たちは一年J組です。殺された川口大三郎君は私たちの一年先輩です。革マル派に抗議するため、一緒に集会を開きましょう」

両手を広げて口元に添え、声を張り上げ、スロープを行き交う学生たちに集会への参加を呼びかける。

「革マル派の人たちは怖いです。だから、これまでは黙って、見て見ぬふりをしていたけれど、もう我慢できません」

「革マル派の思想や主張がどうであれ、こんな殺人事件を起こし、キャンパスを暴力支配する体制は絶対に許せません」

「今こそ、みんなで声を上げなければ、早稲田は変わりません」

クラスの女性たちも立ち上がり、思い思いの言葉で呼びかけていった。

しばらくすると、私たちの必死の姿を目にして、他のクラスの学生も次々と車座に加わってくれた。その中には、川口君が革マル派に拉致される場面を目にしていながら、成す術がなかったことを悔いる学生もいた。


二日後の一三日の月曜日、私たち一年J組は朝から文学部正門前に並んで、正午からスロープ下で開く抗議集会への参加を呼びかけるチラシを配った。チラシの作成には夏に同人誌を出したときに用意したガリ版の印刷機が役立った。一Jの有志二〇人ほどで始めたこの日の集会は、最終的には三〇〇人を超える規模にまで膨らんだ。その多くは、それまで学生運動とは無縁だった一般の学生で、「自治会員を自治会室で殺すなんて、絶対に許せない」という義憤からの参加だった。一年生たちが中心で、クラス決議を経て加わってくれるケースもかなりあった。

集会進行のルールは、最初に「私は〇年〇組の〇〇です」と自己紹介をした後は、何を発言してもよいことにした。

「私は早稲田精神昂揚会のものです。川口君も、わが早稲田精神昂揚会のかつてのメンバーでした。自由な早稲田をつくるため仲間に加わります」

こう言って参加してくる角帽に学生服姿の学生もいた。誰もが革マル派の暴力を恐れ、怒っていたことがあらためて実感できた。

なかには興味本位で一度だけ池袋の地下広場で開かれた中核派の集会を見に行ったら、その後、革マル派から「お前、中核派だろ?」と執拗につきまとわれ、その恐怖から一か月ほど登校できなくなったという学生もいた。

また、あるロシア語のクラスの代表はこんな報告をした。

「うちのクラスの担当の活動家が教室に来て、事件について『手荒な追及だったが、党派闘争なのでやむを得なかった』と釈明すると、クラスの女性たちは『敵のセクトの活動家だったら、殴ってもいいの? 殺してもいいの? その出発点がおかしいでしょ』と追及し、活動家が『党派闘争では……』と言い出しても、『そんなの関係ないでしょ!』とすごい剣幕でした。活動家は黙って教室を出て行きました」

彼女たちは、セクトの「内ゲバの論理」そのものを拒否したのだ。

この集会では政治セクトの活動家のような難解な言葉が語られることはなかった。誰でも、思っていることを自分の言葉で語ればよかった。会場ではどの発言にも拍手が送られ、それぞれの体験を話すことで、革マル派の暴力に対してスクラムを組んで闘おうという集団の意思が芽生え始めていた。川口君虐殺事件への怒り、革マル派の暴力を見て見ぬふりをしてきたことへの自責の念、そうした思いを、多くの仲間たちが共有していたことがわかった。

私たちは、この日の集会で出された意見を「集会決議」としてまとめ、翌朝すぐに配布した。

「(我々は) あらゆる政治集団の暴力を拒否し、個々の意見や、及びクラス討論会に於ける発言を保障し尊重する。」

「早稲田大学に於ける殺人事件を踏まえ、今迄何も言えなかった事実、言わなかった我々は素朴に主張したい。

自分とは違った意見を持った者に対し、暴力をもってこれに対処する早稲田大学第一文学部自治会執行部に対し抗議するとともに、リンチ等の不当な暴力行為の上に成り立って来た執行部、否自治会そのものの体質を断乎糾弾する。

又、この様な自治会体制を黙認して来た大学当局の責任を問うとともに今度の事件に関連して、今後予想される国家の大学への不当な介入や大学当局の学生への不当な規則等に反対する。

「（中略）我々は如何なる政治党派にも利用されず、我々の自治会を創造してゆく。」

「（我々の運動は）人間としての道義心に問いかけるものです。」

まだ粗削りではあったが、それは間違いなく私たちの運動の精神を示す「集会決議」となった。

生まれて初めて、立て看板を書き、デモ行進のためのプラカードを作り、トランジスターメガホンを手に喋る、まさに手作りの集会だったが、革マル派の暴力を気にせずに自由に発言できることの解放感が、私たちの気持ちを昂揚させていた。その後も、熱のこもった集会が連日続けられた。

ユマニスムとの出会い

事件後、学生たちの怒りが収まることはなく、数百人から数千人規模の革マル派糾弾・抗議集会が文学部キャンパスでも、本部キャンパスでも連日続いていた。文学部では、当初は一年生中心の抗議集会を遠巻きに見守っていた上級生たちも、次第に発言を求めるようになっていった。

フランス文学専修三年の山田誠さんはハンドマイクを握り、こう話した。

「君たち一年生の勇気ある行動、暴力を憎む思いに、心から共感する。君たちの素直な言葉は、きっと万人を動かす。僕も微力だが、闘いに加わりたい」

朴訥《ぼくとつ》とした語り口だったが、理不尽な暴力に対してどう抗《あらが》い得るのか、熱い心情が伝わり、その言葉には説得力があった。

山田さんは、集会の後、「樋田君、渡辺一夫先生のユマニスムについて書いた本を読むべきだ」と声をかけてきた。

渡辺一夫は、ルネサンス期のフランソワ・ラブレー、エラスムスなどの研究や、『ガルガンチュアとパンタグリュエル』の日本語訳で知られるフランス文学者で、一五〜一六世紀のヨーロッパ、つまり新旧キリスト教徒の間の争いで数百万人の死者が出たとされる宗教戦争の時代に、双方の陣営に対して「和解と平和」を訴え続けた人文主義者＝ユマニストたちの研究を通じて、人間の寛容についての思考をめぐらせていた。

山田さんは全一二巻の『渡辺一夫著作集』のうちの一冊を持参し、「一緒に勉強会をしよう」と私を誘った。私も、彼の勧めで『寛容について』と題した渡辺氏の著書を購入し、二人で勉強会を何度か重ねた。この本にも収録されていた「寛容《トレランス》は自らを守るために不寛容《アントレランス》に対して不寛容《アントレランス》になるべきか？」という長い題名の随筆は、戦後間もなくの一九五一年に執筆されていた。その随筆の以下の言葉が、私の心に深く刻まれた。

「過去の歴史を見ても、我々の周囲に展開される現実を眺めても、寛容が自らを守るために、不寛容を打倒すると称して、不寛容になった実例をしばしば見出すことができる。

しかし、それだからと言って、寛容は、自らを守るために不寛容に対して不寛容になってよいという筈はない。

「個人の生命が不寛容によって奪われることがあるとしても、寛容は結局は不寛容に勝つに違いないし、我々の生命は、そのために燃焼されてもやむを得ぬし、快いと思わねばなるまい。その上、寛容な人々の増加は、必ず不寛容の暴力の発作を薄め且《か》つ柔らげるに違いない。不寛容によって寛容を守ろうとする態度は、むしろ相手の不寛容を更にけわしくするだけであると、僕は考えている。」

渡辺一夫氏に心酔する山田さんは、こう話した。

「革マル派の暴力は許せない。しかし、僕らの闘いを支えるのは、ユマニスムに裏付けられた寛容な心であるべきだ」

私も彼に共感していたが、それを現実の運動のなかで実践するのはかなり難しいであろうとも感じていた。川口君を虐殺した革マル派に対し、寛容な心で接することなど、そもそも可能なのか。革マル派が鉄パイプで襲ってきた時、「寛容な心」を保てるのか。「寛容な心」とは、暴力ではなく、言葉の力を信じて、人間の善性を信じて、相手を説得することだと、私たちは理解していた。目の前の革マル派をすぐには説得できなくとも、いつか心を通わせ、互いの存在を認め合う日が来る。そう信じたい。だが、そんな日が果たして来るのだろうか。

その後も、この困難なテーマを、山田さんと二人で考え続けていくことになる。

山田さんの他にも、専修課程の上級生たちが相次いで集会に加わってくれた。日本文学専修の三年生はクラスの結束力が強く、二〇人前後が一緒に参加してくれるようになった。その一人の岩間輝生さんの言葉が印象に強く残っている。

「私たちは一年生の時に、山村政明さんの焼身自殺があっても革マル派と十分に闘えなかったことに悔いが残っていた。だから、一年生の思いに強く共感したのです」

岩間さんは、東京工業大学理学部数学科を卒業後、高校の国語教師になることを志して、早稲田に入学し直していた。無類の読書家で、マルクスの『資本論』も、レーニンの『国家と革命』も、革マル派の最高指導者・黒田寛一氏の数冊の著作も読破していた。高校時代に、級友に連れられて、都内に住んでいた黒田寛一氏にも会っていた。「黒田氏に『私の著作物を読んでいるか』と聞かれて、正直に『読んでいない』と答えたら、露骨に不快な表情をされた。カリスマ性は感じなかった」と話していた。議論が行き詰まった際には、岩間さんの広い視野からの鋭い指摘で、打開の糸口が見つかることがしばしばあった。

クラス討論連絡会議

私たちは連日の集会を通して、様々な意見を集約するためにクラスごとの討論を重視していこうと話し合い、クラス単位で討論内容を持ち寄る代表者を決めた。それぞれのクラスに個性があって、ときには思いもよらぬ意見に出会い、考えさせられた。

私たちの新たな組織は「第一文学部クラス討論連絡会議（クラ討連）」と名乗ることを正式に決めた。「討論」という二文字に、暴力の脅威で上から押し付けられる自治会ではなく、クラスの自由な討論を尊重する、そんな思いを込めた。

私たちが文学部キャンパスでの抗議集会を始めて数日後、スロープ下での集会に川口君と同じ二年J組のNさんが現れ、私を文学部の近くの喫茶店に引っ張っていった。

「樋田、あんな目立つ場所で集会をしていたら、間違いなく革マル派に襲われるぞ。俺たちは革マル派に見つからないように、こうして喫茶店を転々としながら横の連絡網をつくっている。身の安全をもっと考えないとダメじゃないか」

店に着くなり、Nさんにこうまくし立てられた。

二年生がなかなか集まらなかったのは革マル派への恐怖心がしみついて、襲撃を用心していたためだったのだと知って納得したが、それでも私は、ソファーに並んで座っている二Jの先輩たちに「文学部キャンパスでの私たちの集会に合流してほしい。喫茶店にいる場合ではないと思います」と強く求めた。

しかし、「我々は、君たち一年生とは路線が違う」「私たちにも議論の積み重ねがあり、それを捨てて加わるわけにはいかない」などの意見が次々に出て、結局、「合流」は実現しなかった。林勝昭さんもソファーの奥に座っていたが、腕組みをしてそのやり取りを聞いているだけで、口を挟むことはなかった。二Jの先輩たちとは、互いに連絡を取り合い、協力し合うことだけは確認した。

文学部スロープ下での集会は、本部キャンパスの各所で開かれていた他学部の集会とも呼応して参加者が増え続け、数百人が集まるようになっていった。私たちは、文学部キャンパスでの集会に一区切りつくと、「これから本部キャンパスの集会に合流しましょう」と参加者に声をかけることが多かった。

本部キャンパスへと続く商店街を、隊列を組んで歩きながら、行き交う学生たちに「一緒に本部キャンパスへ行きましょう」と声をかけると、デモの隊列はどんどん膨らんでいった。本部キャンパスでの集会は数千人、ときには一万人を超える学生たちを集めて連日続いた。本部キャンパスでの一万人規模の集会では、大隈銅像を中心に広がるなだらかな斜面の広場が見渡す限り学生たちによって埋め尽くされ、立錐《りっすい》の余地もなかった。

夕闇迫る頃、ヘルメットに角材、竹棒で「武装」した一〇〇人近い革マル派の部隊が集会に突入してきたこともあった。だが、キャンパスを埋め尽くした学生たちは全くひるまず、革マル派のデモ隊を取り囲み、角材や竹棒を取り上げ、へし折っていった。

その音が響く度、数千人の学生たちから歓声が上がる。ヘルメットを取り上げ、空高く放り投げると、また、大歓声が湧き上がる。革マル派のデモ隊は這々《ほうほう》の体《てい》で学生会館の方へ退散していくしかなかった。

連日続く集会の盛り上がりの中で、革マル派の自治会をリコール（罷免）し、自分たちの自治会を新たに作ろうという動きが、文学部だけでなく、全学部に広がっていった。

当時、一年P組に在籍し、後に直木賞作家となった松井今朝子《けさこ》さんは、師事していた演出家・武智鉄二氏との交流を描いた『師父の遺言』の中で、事件直後のキャンパスでの体験をこう振り返っている。

「私はノンポリ学生で通したが、デモには一度だけ参加している。それは川口君という文学部の二年生が構内で革マル派（日本革命的共産主義者同盟革命的マルクス主義派）のリンチによって虐殺された際に、一般のノンポリ学生が革マルの追放を呼びかけて立ちあがった学内デモである。川口君の死にざまは立て看やチラシに無惨な図入りで訴えられて、それはいくらノンポリでも学内にいて見過ごすわけにはいかない事件だった。」

松井さんは、大学当局と革マル派との癒着が取り沙汰されていることや、当局が機動隊の導入によって早期解決を図ったことなどにも触れ、こう続けている。

「三十人ばかりの私のクラスでは、この紛争による犠牲者が何人も出てしまった。一般学生の代表を務めたり、民青との関係があるとみられた学生は革マル派に狙われる恐れがあるため、自主退学を余儀なくされたのだ。（中略）個人的にはこの事件によって早稲田大学というものに心底しらけてしまった。それは敵の敵は味方といった功利的な手の結び方をするオトナ社会全体に対するしらけ方であったのかもしれない。」

反故にされた確約書

「第一文学部クラス討論連絡会議」が正式に発足したのは一一月一六日、川口君の学生葬の前日だった。

その日の集会で、「自分たちの手で学生大会を開き、革マル派の自治会をリコールし、新たな自治会を作る」という方針を決めた。この目標に向かって、学生大会の開催を求める署名と革マル派の自治会のリコールを求める署名集めをスタートさせた。

私たちは、革マル派の暴力支配を根絶して、将来にわたって復活させないための制度的な保障を確立したいと考えたのだ。

すると、翌日、川口君の学生葬当日に、突然、革マル派の全学連から私たちに連絡が入った。

それは、川口君の事件の責任を取って全学連委員長を辞任した馬場素明前委員長を、クラ討連（クラス討論連絡会議）主催の集会に出席させたい、との申し入れだった。馬場氏は七〇〜七一年には一文自治会委員長も務めており、事件についてあらためて謝罪したいという。

だが、これまでの彼らの言動を考えれば、とてもその言葉を鵜呑《うの》みにはできない。半信半疑ではあったが、最終的に私たちはその申し入れを受けることにした。

一一月一八日、馬場前委員長は文学部キャンパスの中庭でチラシ配りをした後、私たちに促されて、会場の一八一番教室に入ってきた。同教室には千人近い学生が詰めかけていた。謝罪だけで済むはずはない、きっと何かあるはずだ、と会場全体が異様な緊張感に覆われていた。

参加者が注視するなか、舞台のように少し高くなった壇上に立たされた馬場氏は、まず事件について謝罪した。

神妙な面持ちではあったが、その言葉は事件直後にメディアで報道された声明と大差はなく、形式的なもののように思えた。

一通りの謝罪を聞いた後、私たちは馬場氏を壇上に立たせたまま、自分たちの不満をぶつけ、新自治会を立ち上げる取り組みに対して暴力的な妨害をしないように文書での確約を迫った。
　すると、意外にも馬場前委員長は「確約する」とあっさり答え、さらに、「確約書の文面は、私に書かせてほしい。川口君の問題への自己批判の文言を入れたいからだ」と言い出したのだ。
　馬場氏が書き足し、署名した確約書の全文は以下の通りだった。

「　　確約書
（川口君殺害を反省し、革マル派系全学連の一員である）私は、現在の自治会執行部及び全自治委員罷免のための運動に対して、一切の脅迫及び暴力的妨害をしない。今度開かれる学生大会に於いて、リコールが成立した場合、直にそれを認める。又、新執行部及全自治会員の活動に関し、（私個人としても、革マル派系全学連の一員としても、）何らの暴力的干渉をしないことを確約する。
1972年11月18日　馬場素明」

　右の文面のうち、カッコ内は、馬場氏が自ら書き足した部分である。この加筆を見る限り、殊勝な態度を強調しているのは明らかだった。

身構えていた私たちにとっては、拍子抜けするような集会となった。

あの革マル派全学連の前委員長が、暴力は行使しないと確約した。よくぞ、確約書を書いてくれた。当初、私たちはそう考えていた。

しかし、喜んだのも束の間、すぐにそれが革マル派の懐柔策《かいじゅう》だったことがわかった。舌の根の乾かぬその翌日から、革マル派は文学部キャンパスに活動家たちを動員し、大量のチラシ撒きを開始したのだ。そのチラシには、私たちクラス討論連絡会議の背後に民青（共産党系の青年組織）がいるとして、「民青による第二自治会策動は許さない」と激しい言葉が連ねられていた。

革マル派は私たちに暴力的干渉をしないと約束したとみせかけることで、キャンパス内での自分たちの行動の場を広げようとしていたのだ。しかも、私たちの仲間への脅しや暴力も、物陰に引っ張り込むなどして陰湿に続いていた。

セクト間であらゆる闘争を経験してきた彼らにとって、私たちのような素人集団を懐柔することなど、赤子の手をひねるようなものだったのだろう。

ただ、川口君の虐殺事件をきっかけに、一般の学生たちの革マル派糾弾の機運がここまで爆発的に盛り上がるとは、彼らも想像していなかったのではないか。

組織の存在を脅かしかねないほど多くの一般学生の「怒り」がピークに達していることへの焦りから、この謝罪を行ったという側面もあったように私には思えた。

一〇〇〇人を超えるリコール署名

川口君虐殺事件の発覚後、各新聞社は連日のように早稲田のキャンパス内での動きを報じるようになっていた。社会面のトップ、準トップといった大きな扱いの記事も多く、私たち一般学生の動き、革マル派、大学側の動きなどを丹念に追っていた。

各社は、革マル派や大学当局が頻繁に行った報道機関向けの記者会見も、その都度、記事にした。例えば、朝日新聞にはこんな見出しが並んだ。

「殺害場所　早大と断定　リンチ殺人」（一一月一〇日付　夕刊）
「文学部自治会は処分　リンチ殺人　村井早大総長語る」（一一日付　朝刊）
「声なし　連合教授会　『学生を説得できない』」（一一日付　朝刊）
「『リンチ今後ありうる』委員長は辞任　革マル派、高姿勢会見」（一一日付　夕刊）
「『人を殺して何が正しい』革マル派を追出し　一般学生立上がる」（一二日付　朝刊）
「文学部自治会活動を禁止　三役全員を除籍・停学」（一四日付　朝刊）
「革マル派を機動隊が救出　早大リンチ糾弾集会」（一四日付　夕刊）
「早大、幻のロックアウト　発表一時間半後に取消し　文学部『何も知らぬ』」（一六日付　朝刊）

「暴力追出し 早大再建を　川口君の学生葬　母親も涙で訴える　無言の革マル幹部」（一八日付　朝刊）

毎日新聞、読売新聞など他紙でも同様に多数の記事が掲載され、この事件がいかに社会的な影響を及ぼしていたかが窺える。

読売新聞の一一月一五日の朝刊では、「立ち上がったワセダ精神　改革の好機逃すな　一般学生の声を今こそ」の見出しで、早稲田出身の羽鳥昇兵記者の署名記事が掲載された。一般学生の動きを、早稲田の校歌「都の西北」の歌詞を引きながらこう書いていた。「殺人という人間として最高に破廉恥な行為が行なわれたことに対して、良識を持つ人間なら怒りを持たない者はいないはずだ。だが、いままでの学園騒動では、ともすれば一般学生の声が圧殺されがちであっただけに、今度の早大の一般学生の積極的な行動は、それなりに評価出来るのではないだろうか。

もっとも、組織を持たないこうした一般学生の行動が、引き続いて強く盛り上がりを見せるかどうかに今後の問題があると同時に、大学当局がその声を受け入れて学内をどう改革していくかに注目しなければならない。（中略）大学側がいままでのように傍観的態度を取り続けるなら、早稲田にはもう『進取の精神』も『学の独立』も存在しないし、まして『現世を忘れぬ久遠の理想』の確立なんてことはあり得ないだろう。」

革マル派自治会の田中委員長は、前述した毎日新聞によるインタビューの際、私たちの革マル派自治会リコール、新自治会再建運動について、こう断じた。

「正式な手続きが必要だ。学生大会は委員長の私に招集権がある。無原則にやると、第二自治会が生まれないとも限らない。（中略）学生大会開催要求に必要な学生総数の十分の一の署名をボクに出せば、招集することになるだろう。（現在の自治会規約には執行部リコールの手続きに関する条項はないので＝筆者）規約改正はクラス委員総会で決めることになっている。現執行部を無視した学生大会でリコール決議があった場合、どうするのがいいか、いま考えている。」（二二日付　朝刊）

この発言に私たちは真っ向から反論した。

川口君を殺した革マル派の自治会執行部が、私たちに「手続きを守れ」と説教がましく主張するなんてあり得ない。「川口君の事件に責任を感じるのであれば、即刻、執行部を辞任すべきだ」。私たちは学生集会や各教室に配布したチラシで、こう訴えた。

そもそも、田中委員長をはじめとする革マル派の自治会幹部の大半は、事件直後に大学当局から除籍、ないし無期停学処分を受けていた。大学に籍のないはずの革マル派自治会の役職者らが「処分は不当だ」として、大学の自治に関する活動を続けていたのである。

私たちは、革マル派の自治会リコールと学生大会開催のいずれについても、数日間ですでに一〇〇〇人を超える賛成署名を集めていた。学生大会開催については、革マル派の自治会規約にあった「全学生の一〇分の一以上の署名」という基準をはるかに上回っていた。田中委員長の発言は、そうした私たちの活動を牽制《けんせい》する意味があったのだろう。

川口君の学生葬を機に、一九六〇年代末の「第二次早稲田闘争」の闘士だったという四年生のKさんが運動に加わってきた。

「第二次早稲田闘争」とは、「反戦連合」を名乗った全共闘系の学生たちが起こした運動で、当時もキャンパスを支配していた革マル派と武力衝突して大学本部を占拠したが、革マル派の反撃にあい、指導者らが拉致され、リンチを受けて学外に放置されるという経緯をたどっていた。

Kさんは「学生運動の先輩として、君たちを支えたい」と言い、自治会をめぐる革マル派の主張に対しては「反論する必要などない。彼らは独裁政府なんだ。我々は、その独裁政府を倒す革命をするんだから、革マル政府の主張などは無視すればいい」と助言してくれた。

革マル派の自治会は、大学当局によって公認され、自治会費の代行徴収や早稲田祭開催による安定した財源があった。活動家によるキャンパス内の日常的な巡回、不穏分子の探索・摘発、授業への日常的な介入があり、キャンパスという「領土」を守る武装部隊も存在していた。確かに、キャンパスに君臨する「独裁政府」だった。

「俺はあんたを許せない。殴ってもいいか?」

学生葬の二日後、文学部のスロープ下で革マル派が集会を開いていると、それに反発する一般の学生たちが取り囲み、小競り合いが起きた。その最中、革マル派自治会の田中委員長が眉間《みけん》に怪我をした。偶然、近くにいた私も、本部へ戻る革マル派の隊列の中に顔面から血を流す田中委員長を目撃していた。

その翌日、早速、革マル派は「田中委員長が頭蓋骨陥没で重体。反革マルの暴力性が明らかに」というチラシを大量に配布した。私たちは、「革マル派のデマ宣伝に惑わされるな」と訴えるチラシで「反撃」したが、その後、田中さんの怪我の原因が明らかになった。

革マル派の集会に押しかけた一団の中に、川口君の級友がいて、その級友が田中さんに相対して、「俺はあんたを許せない。殴ってもいいか?」と尋ねたというのだ。田中さんが「わかった」と返事をしたので、メガネを外したのを確認した上で殴っていた。

この級友は、翌日の革マル派のチラシを見て驚き、田中さんの入院先を探し、謝罪のために訪ねたが、面会を断られたという。この顚末《てんまつ》に関しては、「殴ってもいいか」と尋ねた川口君の級友、「わかった」と答えた田中さん、双方の思いに口を挟むつもりはない。しかし、革マル派の狡猾《こうかつ》さを考えれば、田中さんの負傷を政治宣伝に利用することは予想できたはずだ。結果論だが、その行為によって暴力を振るう側という、彼らと同じ土俵に引っ張りこまれてしまったのだ。その級友には怒りの気持ちを抑えて、軽はずみな行動を控えてほしかった。

その後も革マル派は、クラス討論連絡会議を中傷するチラシを大学構内で大量に撒いた。「民青に操られている」「中核派に利用されている」「社青同解放派（革命的労働者協会＝社会党社青同解放派）が主導している」といった内容が多かったが、「思想性のないお遊び集団」と揶揄《やゆ》するチラシもあった。私たちはその都度、反論し、「内部分裂を誘う革マルの狙いを冷静に見極めよう」と訴えた。

「暴力的干渉をしない」と確約したはずの「暴力」も、臆面もなく行使されるようになっていた。

私たちの仲間を校舎の物陰などに引っ張り込み、小突きながら、運動から手を引くように迫ったり、集団で一人を取り囲み、中傷チラシと同内容のことを言い募って殴り、執拗に自己批判を迫る。そんな事態が起きる度に、私たちは隊列を組んで救出に向かった。

こうした「被害」にあった直後、「悪いけど、もう運動は続けられない」と姿を見せなくなる仲間も出始め、その影響は深刻だった。

そんな中、私たち第一文学部のクラ討連は、全学のトップを切って、一一月二八日に学生大会を開催することを決めた。開催日が近づくと、革マル派は全国から大動員をかけて、キャンパス内で執拗な威嚇《いかく》行動を繰り広げるようになった。

なかには一目見ただけで労働者とわかる屈強な一団もいた。彼らは密集してスクラムを組み、上下動を繰り返しながらキャンパスを練り歩いた。革マル派のデモ隊列は日を追うごとに長くなり、「五〇〇人は来ている」「いや、八〇〇人はいる」などと情報が飛び交った。不測の事態が予想されるため、私たちはやむなく、学生大会の準備を学外で進めることにした。

学生大会の数日前、私は不覚にも革マル派の「吊るし上げ」を受けるはめになった。キャンパスを一人で歩いていたら、突然、両腕を革マル派の活動家につかまれ、彼らが用意していた演台に引っ張り上げられてしまったのだ。そこではFという「マルクスの生まれ変わり」と自称する幹部活動家がスピーカーを私の耳元に押し付け、「前日の（革マル派の）集会を暴力的に潰したのは、お前の責任だ」などと大音声でがなりたてる。Fは私の両手を後ろから引っ張り上げ、脇腹や背中、お尻などをつねり続ける。私は、苦痛で顔が歪《ゆが》み、前かがみの姿勢を強いられたまま、反論もできず、黙って耐えるしかなかった。

一方的な追及が一時間ほど続いた後、駆けつけた仲間たちにやっと救出されたが、聴衆の面前で難詰して戦意を喪失させようとするこのやり口は、中国の文化大革命で政敵を「走資派《そうしは》」(「資本主義に走った堕落者」という意味)と決めつけて吊るし上げた紅衛兵とまさしく同じ手口だった。

紛糾した候補者選び

一一月二六日、各学部の代表者たちでつくる「全学議長団」と「全学部連絡会議」は早稲田の全学生に向けて「緊急アピール」を発表した。

「我々はあくまで非暴力で革マル派に対抗、大衆の手で学生大会を成功させる。各学部の学生大会を革マル派の破壊活動から〝死守〟するため、全学部の学生数千人を本部キャンパスに結集させる。そのための協力を求める。」

学生大会の前夜、一一月二七日に、私たちは東久留米市にある東京学芸大学の学生寮を借りて、準備の会合を持った。池袋から西武池袋線で約三〇分ほどの場所だったが、事前の連絡に呼応して約二〇〇人の仲間が集まった。厳しく冷え込み、夜になるとダッフルコートを着ていても体が震えるほど寒かった。

準備集会は順調に進んだが、大会で選出することになる「臨時執行部」の候補者を決める場面で紛糾した。民青の学生が相次いで名乗りを上げたことに、前述した「第二次早大闘争」の闘士のKさんが発言を求め、「セクトの自治会にノーを突きつけてきたのに、民青系の諸君が立候補していいんだろうか？」と疑義を挟んだ。

この発言に対して、会場の一部からは拍手も起きた。一方で、民青の学生の中には革マル派に追われて登校できなくなった人たちも多く、自治会再建を訴える彼らの主張には説得力もあった。議論は翌二八日の未明まで続いた。

私は最後に、「民青系の皆さんが革マル派の暴力と闘ってきたことに敬意を表しているし、山村政明さんの焼身自殺後の、皆さんの取り組みも承知しています。しかし、明日の学生大会は革マル派の妨害も予想されます。学生大会は短時間で終わらせる必要があります。大会を成功させることが何よりも大事です。そのために、立候補を取り下げていただくわけにはいかないでしょうか」と訴えた。

候補者選びが自分たちの目論見通りに進まない状況に、民青系の一文クラス・サークル連絡協議会のリーダー格だったOさんが戸惑っているのが伝わってきた。彼らは一〇分ほど仲間たちで話し合った後、Oさんが「事情を了解し、私は立候補を取りやめる」と発言した。他のメンバーも次々に立ち上がり、立候補辞退を表明した。

会場からは大きな拍手が湧き起こった。間違いなく、彼らの決断を讃《たた》える温かい拍手だった。しかし、最後に、小此鬼《おこのぎ》則子さんが立ち上がり、こう話した。

「私も立候補は辞退します。でも、こんなことは本来、あってはならないこと。誰にでも立候補の権利はあるはずです。自治会の未来に禍根《かこん》を残すことを心配しています」

川口君の事件が起きる以前に、私は文学部キャンパスで彼女が革マル派に取り囲まれても、一歩も引かず、理路整然と反論している姿を見かけたことがあった。小此鬼さんの発言は的を射ていただけに、その言葉は私の胸の奥に棘《とげ》のように刺さった。

小此鬼さんは後に児童文学編集者として多くの仕事をしたが、病のため五三歳で逝去した。あの集会での彼女の発言を、民主主義とは何かを考えるときに今も思い出す。

臨時執行部の立候補予定者は、各学年から選んでいったが、クラス討論連絡会議を担った一年生が多かった。私たちが用意した自治会の規約案は簡潔で、臨時執行部は本格的な執行部を確立するまでの暫定的な存在と位置付けていた。委員長の候補に選ばれた私は、「革マルの妨害を乗り越えて、学生大会を必ず成功させよう」と訴え、準備の会合を終えた。

この会合の後、書記長の候補になったKさんから真顔で「君は革マル派から必ず狙われる。委員長に選出されたら、日本全国、どこまでも逃げまくれ。命を大切にしろ」と言われたが、その時の私は「何を大げさなことを」と、軽く受け流していた。

新自治会臨時執行部の委員長に就任

学生大会の当日、午前八時前に革マル派の集団約三〇〇人が「大会粉砕」を叫んで文学部構内に入ったため、「混乱を避けるため」として、文学部当局は文学部キャンパスを終日ロックアウトした。

このため、私たちは急遽《きゅうきょ》大会の会場を変更し、本部キャンパスの教育学部一五号館の四〇二番大教室で開催することにした。文学部の正門前に集合するも、革マル派の妨害行動にあって本部キャンパスの政経学部四号館前に移動。クラスごとのプラカード五〇本ほどを用意して、約一〇〇〇人で隊列を組んで一五号館に向かった。

四〇二番大教室は、続々と集まってきた約一五〇〇人の学生で埋まり、一五号館の周囲を他学部の数千人の学生が守り固める中で学生大会は始まった。

大会議長団となったクラス討論連絡会議の一年生の仲間たちは、慣れない議事進行に四苦八苦しながらも、まず、自治会の最高決議機関は学生大会であること、学生大会の定足数は全学生の五分の一以上とし、出席者の過半数で決議できることを圧倒的多数の挙手で確認した。

さらに自治会執行部の罷免（リコール）は学生大会で三分の二以上の賛成で成立する

という仮規約を可決した上で、革マル派の執行部のリコールを提案していった。

これは、革マル派の自治会を認めず、一から自分たちの手で自治会を作る、その合法性を確保するために必要だと考えた手順だった。

革マル派自治会執行部のリコール案は、会場を埋めた学生たちからの割れるような拍手と大歓声の中、可決された。この後、計七条からなる新たな自治会の仮規約を審議した。

審議時間を短縮するため、仮規約の条文の中に七人の執行委員名をあらかじめ入れていた。議長が「緊急動議が出たので、採決に入ります」と告げると、会場から「審議の途中なのに、なぜ採決か」との質問が出たが、「革マル派が会場の周辺にいて、学生大会を潰すために侵入してくるかもしれません。この教室も大学当局によってロックアウトされる可能性があります。緊急動議が出されたのも、そうした状況を踏まえたものです」とあらためて説明した。その後、この仮規約を圧倒的多数で可決し、同時に臨時執行部を選出した。

臨時執行部は自治委員（クラス委員）によって選ぶ新執行部ができるまでの「暫定的な存在」という位置付けで、私はその臨時執行部の委員長に選ばれることになった。

「川口君が殺された事件を機に、怖い物知らずの私たち一年生が動き出しました。私がたまたま最初に『この指止まれ』と指を差し出した。その上に何千もの仲間たちが重なってくれました。今は、その重みに潰されそうですが、最初に指を出した者の責任を自覚し、早稲田に自由を取り戻すため、最後までやり抜きます」

私はこんな挨拶をした。

会場周辺では、革マル派のデモ隊の鋭いかけ声と笛の音が響いていたが、会場を埋めた一文の学生たちの熱気の方が圧倒していた。

この日の午後、大学側は「混乱を避けるため」として、理工学部を除く全学をロックアウト（閉鎖）する措置を取り、第一文学部の浅井邦二学部長は臨時執行部を選出した学生大会について、「署名数が少なく、学生大会とは認めがたい」と語るなど、私たちの運動に水を差す動きを見せていた。

翌日の毎日新聞は「早大　これからが正念場　難問待つ新自治会作り」の見出しで、学生大会の様子を、こう報じた。

「早大第一文学部の学生大会で革マル派執行部がリコールされ、学生たちは新しい自治会づくりのスタートを切った。しかし、革マル派は組織ぐるみの闘争体制をくずしておらず、大学当局も学生たちの動きに冷たい。新しい自治会づくりはこれからが正念場だ。（中略）大会で議長に選ばれた三人の学生は、あがって、しばしば絶句。『しっかりしろ』とヤジられていた。（中略）大会は〝一般学生〟が成功させたといえるし、リンチ殺人に対する怒りの強さを物語っていた。

逆にいえば素朴な怒り、正義感だけで自治会ができるかという不安もある。(中略)それなりの伝統と経験をもつ革マルに対抗し、新しい自治会が出来れば、学生運動史上、画期的な出来事ではあるが……。」(一一月二九日付　朝刊)

司令塔がいるに違いない

私たちがリコールを成立させた一方で、革マル派は「全都の民青一五〇〇人を大量動員した」と、あり得ないデマを書いたチラシを撒き、「役職者の名前を書き込んだ自治会規約なんて、あり得ない。中国共産党の綱領のような暴挙だ」と批判した。

しかし、これは全国から動員された革マル派の妨害の中で、短時間で学生大会を終わらせるため、無理を承知で選択した非常手段だった。このため、臨時執行部はできる限り早期に自治委員選挙を実施し、自治委員総会で新しい執行部を選ぶ、それまでの橋渡し役であると強く自覚していた。

とはいえ、発足した臨時執行部は様々な考え方を持つ者たちの寄り合い所帯でもあった。

私を含めた一年生グループは、地道なクラス討論を踏まえた手作り自治会を目指していたが、上級生には、かつての全共闘運動、あるいは革マル派と敵対する諸セクトに親近感を持つメンバーたちもいた。

革マル派の自治会リコールでは一致していても、その後の闘い方、自治会再建のあり方をめぐっての考え方は一致していなかった。それでも、学生大会に集まった一般の学生たちの多くは「非暴力の運動によって、言論の自由を保障する自治会作りを進める」という考え方を支持してくれていた。そうした一般の学生たちの声を頼りに、私は「反革マル統一戦線」は可能だと考えていた。

一文の学生大会に続き、理工学部を除く各学部で学生大会が行われ、革マル派自治会執行部がリコールされ、自治会再建を目指す臨時執行部が選出されていった。

このうち、商学部の学生大会だけは、学部当局が定めた学生大会の定足数（全学部生＝六〇〇〇人＝の三分の二）を満たしていなかったが、臨時執行部に選ばれたメンバーらは「商学部で四〇〇〇人の学生を集めるのは実態にそぐわない。革マル派の自治会を固定化するため、学生大会の定足数を極大化させていたのではないか」と話し、約一五〇〇人の参加による学生大会を「有効」としていた。この日の学生大会の成立を認めなかった商学部当局は、最後まで革マル派の商学部自治会を公認し続けることになる。

学生大会の後、文学部キャンパスなどに、「一一月会」と名乗る得体の知れない組織が出現した。手作り風のチラシを大量に撒き、そこには「革マル派の自治会も悪いが、臨時執行部も問題が多い。両者が争っても不毛で、国家権力や大学当局が喜ぶだけ。和解すべきで、私たちが仲介役を喜んで果たす」といったことが書かれていた。だが、これは中立を装って、私たちのグループに接触し、食い込み、機を見て攻撃するという巧妙な、いかにも革マル派らしい戦略だった。

「一一月会の会員」と称する人物が、臨時執行部が主催する集会や打ち合わせに度々顔を見せるようになったため、私たちは対策が必要と考え、「学生証の提示」を求めることにした。彼らは「なぜ、見せる必要があるのか」と反発したが、結局、学生証は見せないまま、姿を消していった。おそらく、他大学の革マル派の学生だったのだろう。

私たちの仲間に対しての暴力行為は、あいかわらず日常的に繰り返されていた。道路ですれ違いざまに、殴る、蹴る、などの暴行も頻繁に起き、ときには、ポケットに隠し持っていた鉄板などの凶器が使われることもあった。

また、「一文の臨執は連日連夜、文学部の木造校舎で酒を飲み、乱交パーティーを繰り広げている」といった、破廉恥な無署名のチラシが撒かれたこともあった。さすがにそんな根も葉もない嘘を信じる学生はいなかっただろうが、このチラシを元に、「臨時執行部は夜な夜な校舎で乱交パーティーか?」と興味本位で記事にする週刊誌まであった。

私は当時、こう考えていた。

革マル派には冷静な司令塔が存在しているに違いない。この司令塔には、あらゆる形態の暴力行使、政治宣伝、デマ工作、情報収集、人員配置など、すべてを決める権限が与えられ、将棋の駒のように活動家たちを動かしている。日々の状況を判断し、ゲームのように作戦を考えている。だから、活動家たちは、殺人者にも、町のゴロツキにも、あるいは言論の徒にも変身する。司令塔が目指しているのは、文学部キャンパスを革マル派の拠点として取り戻すことだろう。そのためなら刃向かう私たちに「決定的な暴力」を行使することも厭わないだろう。そのタイミングを虎視眈々《こしたんたん》と狙っているのではないか、と。

「H君は変わった」

学生大会の直後、毎日新聞の小畑和彦記者から取材の依頼があった。彼も早稲田の卒業生で、連日、母校の取材に通い、顔見知りになっていた。大学近くのレストランに連れて行かれ、二時間ほどインタビューを受けた。

学内での動きだけでなく、生い立ちや家族のことなども詳しく尋ねられ、翌日の社会面で、学生大会での革マル執行部リコールを報じる記事の脇にコラムのような記事として掲載された。その見出しは、地方向けの早版が「H君は変わった」、都心向けの遅版が「純粋な行動こそ〝20日間〟が彼を強くした　ある学生の軌跡」となっていた。

「革マル自治会執行部のリコールを成立させた〝力〟は何だったのだろう。（中略）最大の原動力は川口君殺人事件を機に目ざめ、立上がったごく普通の学生たちではなかったか――。

　H君（二〇）、文学部一年生。暫定自治会規約などの議案書作成者の一人だ。小柄だが特徴のある長髪、あごヒゲをふりかざし、一文クラス討論連絡会議を代表し、千人を超す学生を前に熱弁をふるった。しかし川口君が殺される前まではコンパ（飲み会）を愛し、酒に酔っては友と肩を組む学生だった。彼を知る友人は『ヤツはこの二十日間で本当に変わった』。

「愛知県の郷里には両親と姉、妹の四人が帰郷を待ち、文学部の学生には〝ヒゲ〟の愛称で親しまれてきたH君。女子学生から『がんばって』と激励の手紙も来るが、はにかんで友人にも見せない。（中略）『どのセクトにも支配されず全学生の総意を反映する自治会を作りたい』と断言するH君。本当の戦いはこれから始まる。」

　記事は「愛知県の田舎町」から出てきた青年が、早稲田での学生運動で様々な経験をして、成長していくという物語に仕立てられていた。

　気恥ずかしくもあったが、それまで意識したことのなかった自分に、その記事を通して出会えたようで新鮮だった。「事件を伝えるだけではなく、無名の人にも光を当てる記者の仕事は面白い」と素直に思えた。この体験は、私が新聞記者を志すきっかけとなった。

記事の見出しにあったように、学生大会に向けて本格的に活動を始めたこの時期を境に、私の生活は大きく変わっていった。

まず、私は漕艇部の退部を決めた。部活動と自治会の活動を両立するのはどう考えても無理だったし、秋のシーズンを終えて、私のボート部での責任は果たせたと考えたためだった。

戸田の艇庫に行って退部の意志を示すと、慰留されたが、先輩たちは私が臨時執行部の委員長になった事情も知っていて、「やむなし」という感じで受け入れてくれた。艇庫で掃除や賄いをしてくれた老夫婦に挨拶した際に、「あんたも赤くなって（左翼になって）しまったんだね」と残念そうに言われたのが忘れられない。先輩からは「ボート部員が暴徒になったわけね」とダジャレを飛ばされたりもしたが、彼らは情に厚く、退部した後もデモの隊列にいる私を見つけると声をかけてくれた。

それまで埼玉・戸田の漕艇部の寮にいた私は、デモや集会の合間に、不動産屋を回り、吉祥寺駅から徒歩一五分ほどの井の頭公園裏のアパートに引っ越すことにした。

板の間の廊下がところどころ抜け落ち、釘が剝《む》き出しになっているような古い家屋だったが、前の住人が美大生だったようで、部屋の壁にクレヨンで描かれていた物憂げな瞳の女性の絵に吸い寄せられて契約した。部屋をどう改造しても、壁に何を描いても構わないとのことで、真っ赤な壁の部屋、真っ黒の壁の部屋などが並び、若い芸術家風の住人が多かった。

家賃は一万三千円。私は大学から戻ると、この部屋でしばらくの間、壁に描かれた女性の絵をじっと眺めて心を休めるのが日課となった。

運動を通して親しくなった岩間輝生さんは荻窪に、山田誠さんも当時は中央線の沿線に住んでいたので、学生価格で明け方まで飲ませてくれる荻窪駅近くのスナックに繰り出すこともあった。山田さんはコイン式のジュークボックスで井上陽水の「心もよう」や森進一の「おふくろさん」などを熱唱し、明るくはしゃぎ回った。かと思うと、急に沈み込み、家族から離れ、東京の盛り場近くの路上で独り寂しく死んでいった父親のことを話すこともあり、彼のユマニスムの背後には、つらい人生経験があることが窺えた。近くに住む中・高時代からの親友宅を訪ね、彼が収集していたビートルズのレコードや山下洋輔トリオのフリージャズの録音テープなどを聴いて気分転換をすることもあった。

武装を是とした行動委員会

学生大会をなんとか無事に成立させることはできたが、本当の闘いはここからだった。

一二月五日、私たち一文自治会の臨時執行部は、教授会との最初の団交（団体交渉）を実現させた。会場は文学部キャンパスの一八一番教室で、浅井邦二・第一文学部長、新保昇一・学生担当主任、野口洋二・学生担当副主任が出席した。

浅井学部長は一一月二八日の学生大会について「集会の意義を十分に尊重する立場に立っている」としつつ、「集会の性格について慎重に検討し、学生諸君の今後の取り組みを見守る」とする文書を読み上げ、「ともに暴力の根絶に努力したい」と述べた。

臨時執行部が求めていた、学生大会と再建自治会の「即時承認」は拒否されたが、団交に応じてくれたことを含め、私たちの活動にやや前向きな姿勢ではあるとの感触は得られた。

野口副主任は、川口大三郎君が自治会室に連れ込まれた一一月八日、級友らの通報を受けて自治会室に様子を見に行った人物だった。団交では川口君の命を守れなかった責任を追及したが、彼は「教室に行ったが、何も見えなかった。結果的に私は判断を誤った」と述べるにとどまり、明確な謝罪の言葉はなかった。

冬休み明けの七三年一月八日、本部キャンパスで、前年の一一〜一二月に相次いで結成された各学部の自治会の代表者が勢揃いした全学部自治会総決起集会が開かれ、私も第一文学部の自治会代表として出席した。

新しい自治会を目指しての船出となる晴れやかな場になるはずだったが、とてもそんな気にはなれない事態がそこで起こった。

集会が開会してしばらくすると、突然、黒色のヘルメットをかぶった「行動委員会」を名乗る一〇〇人ほどのグループが会場に現れたのだ。彼らは隊列を組んでキャンパス内をデモ行進した後、次々に登壇して、決起を呼びかけた。この日は角材や鉄パイプは携えていなかったようだが、「全《あら》ゆる手段で闘う」という彼らの主張の中に「武装」が含まれているのは明らかに思えた。当時の私の心境を正直に語れば、常軌を逸した異様な光景に思えた。

旧知の二年J組のNさんもマイクを握り、こう宣言した。

「われわれ二J行動委員会は、断固としてヘルメットをかぶる。革マルと徹底的に闘う」

行動委員会のメンバーたちからは、「異議なし」の声と拍手が湧き起こった。

しかし、私はその主張に納得できなかった。級友の川口君が革マル派に殺されたことへのNさんの怒りの激しさ、彼の純粋な思いは十分に理解できた。だが、川口君の事件後、文学部キャンパスで集会を催していた私たちに対して、「そんなことをしていると革マル派に狙われるぞ。もっと慎重に行動しろ」と忠告してくれたのもNさんだった。

ヘルメットをかぶり、その延長線上で武装すれば、これまで以上に革マル派から狙われやすくなってしまう。「矛盾していませんか」と彼に問いただしたかった。

この日の様子は、翌九日の朝日新聞に「早大反革マル派集会に〝黒ヘル〟集団」という見出しで報じられ、そこにはヘルメットの是非をめぐっての論争が起きたことも書かれていた。

「八日、冬休み明けの早大は革マル、反革マル両派が集会やデモを繰返し、依然根深い対立をみせた。さらに、これまで反暴力路線でまとまっていた反革マル派の集会に初めて黒ヘルメットの集団が現れるなど同陣営内に微妙な変化のきざしもあり、二十二日からの学年末テストに向けて、早大は混迷の度を深めるおそれも出てきた。（中略）この黒ヘル集団は、サークル連絡会議、各学部の『行動委員会』、リンチ事件で死んだ川口君の同級生の一部などが主体。

この風体に対し、一部の学生たちは『革マルと同じじゃないか』『学生間に違和感が生れ、運動が広がらない』などと反発の声をあげ、黒ヘルの学生との間に『ヘルメット是非論争』もあった。しかし、黒ヘル集団は『革マル派の暴力に対抗する』『プラカードと同じで意思表示の手段にすぎない』として最後までヘルメットをとらず、反革マル陣営に運動の進め方で微妙な食違いがあることを示した、との見方も関係者の間に出た。」

実は「行動委員会」という名称の組織を発足させたのは、二年J組だった。革マル派自治会をリコールした学生大会の約一週間前、七二年一一月二〇日に、クラス討論の場ですでに「二J 11・8行動委員会」結成を決議していたのだ。

彼らが最初に配布したチラシには「川口大三郎君虐殺の真相を究明し、革マルを断固糾弾する！」「当局―革マルの癒着体制を糾弾する！」という二点の確認事項が記され、「決議31/33」とあり、クラスの三三人のうち三一人の賛成で決議したことが示されていた。ただ、そこではヘルメットや武装については触れられていない。

同じ二年J組で、当時は民青（共産党系青年組織）に所属していた田中ひろしさんは、こう振り返る。

「二J行動委員会の確認事項は納得できたので、私も行動委員会結成に賛成した。だけど、ヘルメットについてはクラスで議論していない。議論すれば反対の方が多かったはずだ。彼らの勝手な行動に腹を立てながら黒ヘルのデモ隊を眺めていた」

二Jに続くように、学生大会の二日後の一一月三〇日には一文三、四年行動委員会が結成された。このグループは最初のチラシで、「我々は革マル糾弾とともに、民青諸君に対しても批判的な立場をとる」と宣言していた。翌一二月一日には、一文行動委員会が結成され、「自立・創意・連合」をスローガンとし、個人の責任で行動し、革マル派を追及する、としていた。

さらに一二月七日には政経学部行動委員会、同九日には法学部行動委員会、教育学部行動委員会が相次いで結成されていった。

一月八日の全学部自治会総決起集会の後も、行動委員会の黒ヘル部隊は本部キャンパスや一文キャンパスに度々現れ、革マル派と衝突する機会が増えていった。臨時執行部で書記長を務めていた四年生のKさんも行動委員会に加わり、理論的な指導者の一人になっていた。

その一方で、自治会再建への私たちの取り組みは前進していた。

一月一二日、一文自治会は臨時執行部、選挙管理委員会、クラス連絡協議会の連名で「クラス委員（自治委員）選挙」を公示した。選挙実施のための選挙管理規定、各クラス・専修で自治委員の選出を進めること、自治委員総会を学生大会に次ぐ議決機関とすること、自治委員総会で新しい執行部を選出すること、などを臨時執行部の決議の形で広く知らせた。選挙管理委員会と、クラス委員選出までの過渡的な協議機関となるクラス連絡協議会を前年の一二月二日にすでに発足させていた。

一月一三日からクラス委員選挙が始まった。教室で選挙を実施したクラスもあるが、革マル派からの妨害を避けるために一文キャンパスの奥にある木造校舎も「選挙会場」として活用できるようにした。

革マル派が木造校舎の前にピケット隊（人間による盾）を配置するなどしたため、私たち臨時執行部側は、約一〇〇人の隊列を編成して革マル派のピケットを突破し、選挙会場を確保した。様々な工夫を重ね、定足数を確保してクラス委員を選出していった。

この後、文学部キャンパスでは、革マル派による妨害や行動委員会、他セクトの動きなどが錯綜し、自治会再建への私たちの取り組みは混迷していくことになる。

鍛え抜かれた「戦士集団」

一月一八日、本部キャンパスで、ついに革マル派と中核派の大規模な「戦闘」が起きた。

この日の午後、本部キャンパスで各学部の協力についての打ち合わせ中に、「間もなく中核派の武装部隊が大挙して早稲田に来る。革マル派とぶつかる」という情報がもたらされた。

合同集会に参加していた法学部自治会（民青系）前委員長の柳ケ瀬直人さんの提案で、数十人の集会参加者のほぼ全員が本部キャンパスの東側に建つ四号館一階の政経学部学生ラウンジに避難した。柳ケ瀬さんが普段から事務所代わりに使っている場所で、「ここなら安全だ」と言われ、私たちは同ラウンジのガラス張りのテラス越しに、戦闘の一部始終を傍観することになった。

夕闇迫る頃、正門の方からヘルメットにマスク、ゴーグル姿の中核派の「戦士」たちが次々に走り込んできた。その数は二〇〇人ほどで、彼らは鉄パイプを手に、背中のリュックサックから投石用の石や空ビンなどを取り出して投げ始めた。

一方の革マル派は十数人ずつで一隊となった「戦士集団」をいくつも作って、本部キャンパスのビルの裏側や木陰などで待ち構えていた。

最初は投石合戦となり、しばらくの間、「ヒュー、ヒュー」と空気を切り裂くような投石の音がキャンパスにこだましていた。その後、双方が接近してのぶつかり合いとなった。革マル派はそれぞれの「戦士集団」が長い鉄パイプを薙刀《なぎなた》のように構え、指揮官の笛で、陣形を次々に変化させていく。

鉄パイプの先を一か所に集めてドリルのようにしたり、ハリネズミのように四方八方に鉄パイプをふりかざしたり、その闘いぶりは統率が取れて隙がなかった。明らかに戦闘用に鍛えられているのが伝わってくる。戦況に合わせて、どう動けば相手に最大のダメージを与えられるかが考え抜かれ、変幻自在な彼らが雄叫《おたけ》びを上げて突進すると、中核派の戦士たちは蜘蛛の子を散らすように逃げた。

この日の勝負はあっけなくついた。革マル派の完勝だった。

だが、彼らの攻撃はそれに留まらなかった。勝ち誇ったような革マル派の「戦士集団」の一隊が、私たちが待機していた四号館に向かって突進してきたのだ。「もうだめだ。ガラス窓が破られる」と覚悟した瞬間、指揮者の笛で彼らの突進が止まった。指揮者は不敵な笑みを浮かべて私たちを一瞥《いちべつ》すると、「戦士集団」とともに去っていった。

あまりの恐怖に私たちは血の気が失せ、しばらくその場を動くことができなかった。なぜ、彼らは私たちに手を出さずに踵《きびす》を返したのか。

おそらく、この日は中核派との戦闘だけを指示されていたのだろう。

午後八時頃、柳ケ瀬さんが「うちの組織で周囲を調べたが、付近に革マル派の部隊はもういない。集団で学外に出れば大丈夫だ」と私たちに告げた。

その言葉に従い、仲間たちとともに隊列を組んで学外へ出た。大隈銅像の周辺は〝合戦〟に使用されたとみられる石やガラス瓶の破片で足の踏み場もない有様で、私は戦争映画の戦闘シーンに立ち会ったような気持ちになっていた。

その直後に中核派は機関紙で、「わが部隊は地下鉄早稲田駅から本部キャンパスに向かう途中、機動隊に阻まれ、多数が逮捕された。本部キャンパスにたどり着けた者はわずかだった」として、「K＝K連合（革マル派と警察の連合＝筆者）」を非難していた。

新聞報道によれば、この日、中核派の活動家約六〇人が凶器準備集合罪、公務執行妨害で逮捕されたが、革マル派の逮捕者はいなかった。後日、革マル派の一人だけが関連の容疑で逮捕された。

いずれにしても、あの中核派が完敗するのだから、私たちが俄に武装したところで、決して勝てるはずがない。私は行動委員会の武装路線への不信感を一層強くしていった。

ヘルメットをかぶるという「哲学」

翌一九日、本部キャンパスで今度は革マル派の武装部隊と行動委員会の武装部隊の間で、大規模な衝突が起きた。

この日午後一時過ぎ、革マル派は自分たちが主導権を握る文化団体連合会の常任委員会を本部キャンパスの三号館で開催した。三号館前の広場で革マル派の約一〇〇人が竹《たけ》竿《ざお》を持って支援集会を開いていたところ、革マル派に反対するサークル連合と行動委員会の約一五〇人が「でっち上げ文連常任委粉砕」などと叫んでデモを始め、革マル派がそのデモ隊列に竹竿を振るって襲いかかった。

その衝突を遠巻きに見ていた約三〇〇〇人の一般の学生たちも行動委員会に加勢して「出て行け」「早大解放」などと口々に叫び、一部の学生が投石を始めた。

劣勢になった革マル派は約一〇〇メートル離れた一一号館に逃げ込み、入り口をバリケードで封鎖すると、周囲を取り囲んだ学生たちに三、四階から机や灰皿、消火器などを投げおろして応戦した。

それに対して黒ヘルメットをかぶった行動委グループは竹竿や角材を携えて、バリケードを崩そうと迫り、近くの建物からホースを引いて放水を繰り返す。なかには革マル派の旗に火をつける者も現れた。

そこへ鉄パイプで武装した革マル派が学外から応援に現れて、一一号館から出てきた革マル派と合流し、行動委員会や他の学生たちに襲いかかった。約三〇分間にわたる乱闘で負傷者が続出した。この乱闘の巻き添えになり、政経学部の一年生の男子が頭蓋底骨折の重傷を負った。革マル派が一一号館の三、四階から投げおろしたコンクリート塊などが頭部にあたったとみられる。

大学当局は午後五時に「ロックアウト」を宣言し、全学生に学外退去を命じたが、学生たちはそれを無視して深夜まで構内に居残った。

同日の午後、政経学部の新自治会は一〇号館で学生大会を開き、学部当局による新自治会の即時無条件承認などを要求して一週間のストライキを決めていた。同自治会のM委員長は革マル派を糾弾する一方で、行動委の武装路線も厳しく批判した。彼は、非暴力による社会変革を掲げて創設された新左翼系組織の賛同者でもあった。

私はこの日の午後遅くに文学部から本部キャンパスに駆けつけたが、混乱は頂点に達しており、もう成す術はなかった。

大学当局は深夜に緊急理事会を開き、翌二〇日も本部キャンパス、文学部キャンパスを終日ロックアウトすることを決めた。

この衝突は、翌二〇日付の新聞でも「早大紛争、泥沼のきざし　学生が投石合戦　重傷含めけが人多数」（朝日新聞）、「流血の早大、最悪事態に　投石合戦で一人危篤　文学部またロックアウト」（読売新聞）、「早大、再び〝暴力の森〟　革マル・黒ヘル　流血の衝突」（東京新聞）といずれも社会面のトップで報じられた。


大規模な衝突から数日後、私は行動委員会が学内で開いた集会に出席し、「武装は、私たちがこれまで進めてきた運動とは相容れない。学生からも支持されない」と反対意見をはっきり述べた。

その集会では参加者の間でヘルメットや武装の是非をめぐる議論が延々と続いたが、最終的には行動委員会のリーダー格の政経学部のYさんが「これ以上、ヘルメットや武装のことは議論しない。本人の責任の問題だ」と述べ、議論は打ち切られた。私の発言は、行動委員会メンバーや行動委員会に賛同する学生たちから強い反発を招いた。

ヘルメットと角材、場合によっては鉄パイプによる武装。この闘争スタイルを認めるかどうかは、当時の学生たちにとって、どう生きるかをめぐる「哲学」の問題でもあった。

ヘルメットをかぶるということは、当時の社会を全否定し、反体制側の人間として生きることを意味していた。だから、ヘルメットと武装を批判した私に対して、「反体制だと思っていたのに、体制側の人間だったのか」という失望と怒りがぶつけられたのだ。

私は「哲学」と書いたが、突き放して言えば、それは「ファッション」でもあった。

一九六〇年代の後半、全国の大学で燃え盛った全共闘運動で、ヘルメット姿で大学や国家権力と闘う「反体制派」の学生たちに、当時、高校生だった私も憧れたことがあった。七〇年代に入ってからも、「反体制派がかっこいい」とされる時代の名残りは、まだ確かにあった。東大全共闘、日大全共闘などの体験者の手記を読むと、徹底したクラス討論、草の根民主主義が実践されていたことがわかるが、早稲田では、その内実が失われ、外形の運動スタイルだけが残っていた。その意味でも、まさしく「ファッション」だった。

全共闘運動では、個人の責任による直接行動が重視されていた。その影響を受けた行動委員会は、学生大会の決定を経ずに、文学部構内にバリケードを築くなどの行動に出ることもあった。彼らのルールを無視した身勝手な行動が私たちの自治会運動を混乱させている。私は、そう考えていた。

もちろん、革マル派の圧倒的な武力を前に、武装しないでどう闘うのか、という切羽《せっぱ》詰まった心情もあったと思う。しかし、一方で、革マル派の暴力と闘っている私たちが武装すれば、「暴力糾弾」という「金看板」の主張が崩れ、「革マル派も、反対する側も、どっちもどっち」という議論が生じかねない。そうすれば、革マル派と闘う学生たちの輪が乱れ、小さくなる。それがまた革マル派の暴力行使を誘発することになる。だから、現実的な戦略としても、「非暴力で闘う」方針を下ろしてはならない。不寛容な革マル派に対して、不寛容＝暴力ではなく、寛容＝非暴力の精神で立ち向かうべきだ。私は、渡辺一夫の著書にある「ユマニスム」に思いを馳せていた。

私たちの運動の「九原則」

行動委員会の暴走という懸念を内部に抱えながらも、私たちは自治会再建への歩みをさらに前進させていった。

一月二五日、第一文学部の臨時執行部が学生大会を招集し、定足数（全学部生の五分の一）を大幅に超える、一五四二人の参加で成立した。

学生大会では、事前に公表していた自治会の暫定規約を賛成多数で採択した。正式な自治会規約については自治委員を中心としたクラス討論の積み上げによって決定していく方針も承認された。相前後して発足した政経学部の自治会執行部とも連携した、再建自治会の即時無条件承認を大学当局に求めての一週間のストライキ案も採択された。これに対して、文学部当局は混乱を避けるためとして、期末試験の一週間の延期を決めた。

この学生大会では、クラス討論連絡会議の頃から積み重ねてきた、私たちの運動の「九原則」についてもあらためて確認した。

一、セクトの存在は認めるが、セクト主義的引き回しは一切許さない。
二、革マルのセクト主義に対して、我々は大衆的な運動、団結をもって、その論理と組織を糾弾してゆくのであり、また、そうでしかあり得ない。
三、我々はセクトに入っている人間というだけで、その人の主張を無視してはならない。我々は具体的な事実の下に初めて主張を行っていくべきである。
四、意見の違いは、大衆的な討論の場で克服していく努力をする。
五、我々の運動の質、形態、思想は、常に運動の中から生み出され、大衆的に確認していかねばならない。
六、我々は、個人の、クラスの、サークルの自主的、自立的討議を促し、また、その場を保障していく。
七、我々は、我々の自主的活動に対して、一切の介入、弾圧を許さない。
八、我々の運動の方向性は、常に様々な現実を考慮し、決して一人一人の人間性を無視してはならない。

九、我々の手で、我々の創造的な自治会を作り上げる。

一月二七日、学生大会で採択された暫定規約の下で、自治委員総会が開催された。自治委員総会には、各クラス、専修ごとに選出された自治委員六五人が勢揃いし、自治委員による投票で新しい執行部メンバーを選んだ。また、新執行部の下に自治会規約改正委員会、新入生歓迎実行委員会、団交実行委員会という三つの部会を発足させることを決めた。

この選挙で、私が委員長、私と同じ一年J組のY君が副委員長を引き続き務めることになった。もう一人の副委員長には二年T組の野崎泰志さん、書記長にフランス文学専修三年の山田誠さんが選出された。日本文学専修三年の岩間輝生さんも執行委員に選ばれ、山田さんとともに、私にとっては最も信頼できる仲間となった。

やっと正式な選挙を経て執行部のメンバーを選出することはできたが、臨時執行部から引き継いだ新執行部もまた、様々な考え方、背景を持つ者の寄り合い所帯だった。

新執行部の方針をめぐっても、すんなりとはまとまらず延々と議論が続いた末に、「早大管理支配体制の打破」を新たな闘争スローガンとすることに落ち着いた。

クラスの仲間からは「早大管理支配体制」の意味がよく分からないという声もあった

ので、「これまで、大学と革マル派が癒着して、私たち学生を支配してきた。その体制を打破するという意味です」と私は説明した。

この方針を説明するチラシを各教室に撒いていると、革マル派自治会の副委員長で、当時は委員長代行を名乗っていた大岩圭之助さんと出くわした。体格のいい大岩さんに暴力を振るわれたという仲間もいて、武闘派として恐れられていた人物だったので、私が身構えていると、「おい、樋田。早大管理支配体制粉砕って何だ？」と威圧的に詰問してきた。

私は級友たちに説明したのと同様に答えたが、彼は「そんな浅はかな理論が通用すると思っているのか。内容がないな。俺が教えてやろう」と持論を展開し始めた。要は、国家権力も含めた管理支配体制を打倒する闘いをしているのは革マル派だけである、と主張したかったようだ。一通り自説をまくし立てると、彼は立ち去って行った。

団交実行委員会という「鬼っ子」

一月二九日、大学当局に対して再建自治会の即時無条件承認を求めて学年末試験をボイコットしていた私たち新執行部は、第一文学部教授会と公開団交を行った。

この団交に、教授会からは新たにつくられた「十人委員会」のメンバーが出席した。

同委員会は学生との折衝の窓口として設けられていたが、話し合いでは「諸君の取り組みを評価し、見守る」という原則論に終始し、進展はなかった。

二月一日、新執行部は、新自治会の即時無条件承認を求めて、文学部キャンパスでバリケードストライキを決行した。一月三〇日の学生大会で、文学部当局の回答次第では第二波のストライキに突入することを可決し、その方針に沿ってのことだった。とはいえ、バリケードとは名ばかりの、実際には文学部のスロープの上の中庭に通じる場所に教室から持ち出した机などを並べただけの簡単なもので、教員や学生たちはその隙間から自由に出入りできた。

私たち新執行部としては、文学部キャンパスを自主的に管理することで、クラス討論などの場を確保しやすくなると期待したのだが、結果的には登校してくる学生が減ってしまった。翌六日、私たちはストライキ続行方針の確認を求めて学生大会を招集したが、定足数を満たさず、結局、不成立となってしまった。明らかにストライキが裏目に出たのだ。

私たちは焦り、翌七日にも再び学生大会を招集したが、二日続けて不成立となった。このため、ストライキを解除することになり、その後、学部当局は四年生の卒業試験などの実施に踏み切った。

執行委員会の内部で運動の進め方についての考え方の違いが表面化していく状況の中

で、第一文学部の学生たちの自治会再建への熱が冷めつつあるのかもしれない。私はそんな危惧を抱き始めていた。

二月七日、一文団交実行委員会が発足した。団交実行委員会は、一月二七日の自治委員総会で設置を決めた三つの部会の一つで、組織の体制が整っていくという意味では自治会運動の前進に思えるが、その実態は全く違っていた。

執行部の下に置かれ、その方針に従って団交に携わるはずの委員会が、独自の行動を取り、執行部批判を公然と始めたのだ。団交実行委員会を担当した執行委員は、行動委員会の同調者で、団交実行委員会のメンバーも大半が行動委員会を支持する学生で占められていた。

この団交実行委員会が正式発足する直前には、「一文団交実行委員会情宣局」名のチラシが密かに作成され、そこでは新執行部が一月二九日に実施した教授会との団交が厳しく批判されていた。

「思えば、あの団交は茶番であった。（中略）我々は団交の中で、当局の露骨な自治会再建運動に対する介入の意図を暴露しつつ、あの『十人委員会』なるものがまさに当局の『突撃隊』として送られ、彼らの『説明会』として終始したのだということを、否定的に総括しなければならない。」

「我々の運動は、自治会承認を自己目的化するものではないし、自治会建設を至上命令とするものでもない。（中略）闘争が自治会承認運動へと落とし込まれるのではなく、全面的な開花をいかに克ちとっていくのか、このことが問われている。」

私は委員長という立場にありながら、団交実行委員会内に「情宣局」という部局が存在することを全く知らなかった。当時、行動委員会も団交実行委員会も、執行部とは距離を置いて秘密主義を徹底していたのだ。

一文団交実行委員会情宣局は、以下のような内部資料も作成していた。

「各クラス行動委、闘争委、執行委員会を併呑し、団交実行委員会に再編する。」

「団交実行委員会を、執行部の諮問機関的存在から一文の大衆的行動機関へと発展させる。」

「併呑」、つまりこれは団交実行委員会の下に執行部などを従えるという意味で、学生大会で決めた自治会のあり方、その目指す方向とは全く相容れなかった。

私から見れば、団交実行委員会は自治会にとって「鬼っ子」のような存在になっていったのである。

新自治会に好意的になった教授会

新自治会での執行部成立と学年末試験のボイコットを受け、文学部の教授会もやっと動きを見せるようになった。二月八日、第一文学部教授会・教員会が「自治会再建についての見解」と題した文書を三年生以下の学生の自宅や下宿宛てに郵送したのだ。

そこには「自治会の民主性を保障する最低限の条件であり、学生諸君も当然とするところであろうと思う」と前置きした上で、以下の四項目が列記されていた。

一、クラス委員（自治会委員）選出のための公正な選挙管理委員会の設置。
二、クラス在籍者の過半数の出席を条件とするクラス委員選挙と公開の開票。
三、クラス委員総会における多数の支持を得た執行部の選出。
四、その執行部による全自治会員の総意を反映し得るような自治会規約案の提示と、全自治会員の絶対多数による承認。

これは、第一文学部教授会が初めて公式に表明した、新自治会承認への条件だった。

だが、翌九日付の新聞は、「この学部見解について学生たちの間には、ふだん三分の一ぐらいの学生しか登校しない状態からみて四項目をみたすのは事実上不可能なことで、学部当局の新自治会弾圧だとする意見も多く、なお曲折が予想される。」（朝日新聞）、「反革マル派自治会は、すでに自治委員や執行部の選出を終えており、今度の教授会見解は、新自治会を事実上否定して白紙に戻そうというもの。」（読売新聞）と批判的に報じた。

これに対し、一文教授会は直ちに「報道の一部に誤りがある」と学生向けに表明し、両社に抗議して訂正を求めた。記事の中の「自治会への弾圧」「自治会の否定」といった記述について「事実に反する」という抗議だったとみられる。

新聞では否定的に報道されていたが、教授会が示した自治会規約の承認手続きは、この時点では実現可能だと私は考えていた。

四条件のうち、一～三はすでにクリアしており、残るのは自治会規約の学部投票による承認だけだった。新執行部の下で自治会規約案の準備が進んでおり、出来上がり次第、学部投票にかけ、全学生の過半数の賛成で決定するという手順を、私たちは想定していたからだ。

文学部教授会の真意はどうだったのか。当時、助教授として自治会承認問題に関わった正岡寛司名誉教授は、こう振り返る。

「文学部教授会は全体として新自治会に好意的だった。川口君の事件への責任を感じており、新自治会を即承認すべし、という声もあった。しかし、教授会を取りまとめている執行部は、新自治会がどこまで持つのか、その行方を不安視していた。絶対多数（学生の過半数）の賛成という公認条件は、再び革マル派が勢力を盛り返してきても、同じ条件を示して公認を拒否する、という先を見通したものだった。私も、新自治会に期待しつつ、同じ見方をしていた」

一文教授会・教員会からの条件提示と前後して、二文教授会・教員会もほぼ同内容の自治会承認条件を提示している。政経学部教授会、教育学部教授会、社会科学部教授会もそれぞれ、新執行部、臨時執行部を選出した再建自治会を承認する方向で動いていた。

政経学部教授会は、学生投票の投票用紙開封・点検にも立ち会い、「学友会（自治会）承認に必要な五段階のうち、四段階目まで整えられた」と表明した。四段階目とは、「学部在学生の過半数の無記名投票と、有効投票の過半数の同意による学友会再建の決定」を意味していた。教育学部教授会は「自治会問題については、常任委員会（新執行部）を学生側の唯一の代表と認める」と明言し、一連の「学生集会」の表記を「学生大会」と改めていた。社会科学部教授会も同様の方針を明らかにしていた。

全学的に承認への追い風が吹き始めていたが、残念なのは、当時、肝心の第一文学部教授会の執行部体制が不安定だったことだ。川口君の事件当時に在任していた浅井邦二文学部長は年末の団交に出席した後に辞任し、後任の学部長・本明寛教授は「三月末まで」と期限を区切り、その後を受けた印南高一学部長も五月に辞任する。その後に就任した辻村敏樹学部長、岩波哲男、志波一富両教務担当主任の体制となってようやく安定したが、その頃には革マル派による文学部キャンパスの暴力支配が復活し、学部投票の実施が困難になっていた。規約改正案をもう少し早くまとめていれば、四月に新入生を迎える前に学部投票を実施できていたかもしれない。半世紀前のことながら、それが悔やまれてならない。

軋み始めたクラスの連帯

私たちが新自治会の承認に向けて奔走する一方で、三月半ばには全学団交実行委員会が発足した。これは各学部につくられた行動委員会、団交実行委員会の集合体で、村井資長総長に対する「全学団交」の実現を方針に掲げていた。その後、全学団交実行委は大学本部などに度々押しかけては、大学職員や教員との間で小競り合いを繰り広げることになる。

行動委のメンバーの一人が「全共闘を超えた全共闘運動を創出する」と周囲に話していたが、実際に行動委・団交実行委は、全共闘運動の再現、発展を目指していた。反体制であることを、ヘルメットと武装によって「宣言」し、権力と対峙する。そうした闘争スタイルへの賛同者は、行動委・団交実行委のメンバー以外にも現れ始めていた。

しかし、結果として、彼らの行動は自治会再建運動の足を引っ張った。私たちの運動は、革マル派と行動委・団交実行委の双方から、いわば挟撃される形になっていった。

行動委と革マル派との衝突が度重なる中で、一年生の活動への熱心な応援団だった日本文学専修三年生のグループは、次第に執行部と距離を置いて行動するようになった。大学の春休みに合わせ、同グループは埼玉県本庄市にあった大学の研修施設で合宿し、どんな形で運動に関わっていくのかを話し合ったという。そこでは「キャンパスの日々の動きに一喜一憂せず、革マル派への抗議の意志を持続することが大事だ」とあらためて確認し、メンバーの思いを伝え合うため、同人誌『曠野』を定期的に発行することを決めていた。『曠野』は同グループが卒業するまでに計五回発行され、仲間の絆を強めていった。第二章で紹介した革マル派の暴力事件の目撃リポートも、この『曠野』に掲載されたものである。

その頃、新執行部が主催した文学部キャンパスでの集会に、久しぶりに日本文学専修の三年生たちがまとまって参加してくれたことがあった。ところが、その集会に革マル派のデモ隊が突っ込み、参加者たちは逃げ惑った。私は「場所を変えて集会を続行しよう」とハンドマイクで呼びかけ、スクラムを固く組んで集会を続けた。そんな緊迫した場面で、同専修の米田啓子さんが私の傍らで、「大丈夫。しっかり！」と励ましてくれたことを今も覚えている。

「あらゆる政治集団の暴力を拒否する」というクラ討連発足時からの方針に沿って活動してきた一年J組にも、行動委員会に同調する発言が出るなど、それまでのクラスのつながりが軋《きし》み始めていた。だが、その頃の私は自治会執行部の問題にかかり切りで、クラスに戻って級友たちとゆっくり話す機会がなくなっていた。執行部の会議で大学キャンパスの内外を転々とし、チラシの原稿書きに追われ、吉祥寺のアパートに戻るのはいつも深夜だった。

入学式での黒ヘル乱入騒動

各学部合同の入学式が四月二日に迫った三月三一日、新執行部は一文自治会の自治委員集会を開催し、入学式での新入生への対応について協議した。一年生の一〇クラス、二年生の一一クラス、三年生も日本文学、日本史、仏文、文芸、哲学の五専修の自治委員（クラス委員）が出席した。

執行部としては、入学式会場の記念会堂前で集会を開いた後、整然と会場に入り、会場の新入生たちに学内自治の現状を説明して、その支持を得た上で「総長団交の確約」を取りたい、と提案したが、同席した一文団交実行委員会は、会場の演壇を占拠して入学式を粉砕し、そのまま村井資長総長との団交に持ち込むという強硬策を提案していた。激論の末、新執行部の指揮下で整然とした行動を取ることでなんとか押し切ったが、集会の参加者の意見は両極に割れていた。

そして、翌日、学部横断の形で開催された「4・2実行委員会」の戦略会議では、なんと私たちの意に反して、全学団交実行委員会の強硬方針が通ってしまったのだ。

私は前日の一文自治委員集会での結論通り、「式は潰さない。会場で壇上には上がらない。壇下から大学当局に訴え、新入生に現状を説明する」と一貫して強く主張したが、聞き入れられることはなかった。

結局、一文の新執行部は「4・2実行委員会」への参加を保留した。新入生たちを私たちの陣営に引き込むためには、入学式を潰すようなことはできない、と私は考えていた。

四月二日、文学部に隣接した早稲田記念会堂では、午前と午後の二回に分けて入学式が行われることになっていた。この年の新入生は、八学部で一万五五六人。式が始まる前から会場周辺には様々な政治グループが集結し、新入生獲得を目指して集会やデモを繰り返していた。なかには「入学式粉砕」を叫ぶセクトもあり、大学周辺には約三〇〇人の機動隊が待機する物々しい空気に包まれていた。

一文自治会執行委員会の主要メンバーは、開式から少し遅れて、「ワセダ解放」「革マル追放」といったプラカードを手に会場に入ると、演壇の下の通路に静かに座り込んだ。日本文学専修の三年生たちも川口大三郎君の遺影を掲げて会場へ入った。

村井総長の式辞が始まった頃、二階の入り口から黒色ヘルメットをかぶった一五〇人ほどの全学行動委員会の部隊が警備員の制止を振り切って会場に乱入してきた。そして、「村井を逃すな」「全学団交をこの場で実現するぞ」と叫びながら壇上の村井総長の周囲に殺到した。

しばらく壇上でもみ合いが続き、村井総長は他の教授や大学関係者たちに守られて、非常通路から脱出したが、約四五〇〇人の新入生たちは、壇上の黒ヘルのグループに対して、「帰れ」「帰れ」と大声でシュプレヒコールを浴びせ、会場は騒然となった。このため入学式は急遽中止され、二部制で開催を予定していた午後の部も中止になった。

この後、私たちは記念会堂に隣接する広場で会場から出てきた新入生たちに「新歓パンフレット」を配り、学内自治の現状などについて説明していったが、乱入騒動で動揺している新入生たちはそれどころではなかっただろう。

一文自治会の副委員長兼新入生歓迎実行委員長として「新歓パンフレット」を作成した野崎泰志さんは、当時を振り返り、「行動委員会と団交実行委員会は、自治会再建の路線ではなく、自治会無視の路線だった。明らかに学生大会での大衆的な合意に反していた。入学式で黒ヘル部隊を見た新入生たちの多くが、私たちの自治会再建運動をセクトと同一視するようになってしまった」と残念そうに話した。彼は、武装をめぐる問題などでは私と意見を異にしたが、行動委、団交実行委については「自治会無視の暴走」と厳しく批判していた。

そもそも、川口君虐殺事件への義憤から、多くの学生の怒りが革マル派による学内の暴力支配に向けられ、私たちは立ち上がったはずだった。それなのに、団交実行委員会や行動委員会は、革マル派の圧倒的な暴力に対抗するために、自分たちも同じ土俵に上がり、革マル派の「内ゲバ」の世界に巻き込まれそうになっていた。私たちは、そうした「内ゲバの論理」そのものを拒否したはずではなかったのか。彼らに、なんとか目を覚ましてほしかった。

この日、革マル派は、入学式会場を目指してやってきた中核派の部隊約二五〇人と高田馬場駅周辺で乱闘を繰り広げ、地下鉄を止めるなどの騒動を起こしていたが、新入生の目を意識してか、学内では派手な行動に出ることはなかった。入学式会場の近くで「新入生連帯総決起集会」を整然と開催し、「統一行動」を呼びかける立て看板を一六枚並べ、約一〇〇人がヘルメット姿で隊列を組み、大量のチラシを配布した。黒ヘルグループによる演壇占拠の前後も、その隊列を崩すことはなかった。

第一文学部の自治会は、これからどうなってしまうのか。私は、暗澹《あんたん》たる思いだった。

第四章　牙をむく暴力

管理された暴力

七三年四月四日、まだ新学期の授業は始まっておらず、構内は学生の姿もまばらだった。

本部キャンパスの北端、教育学部棟四階の教室で「入学式の行動を総括する」集会を開催中に、階下から「革マルが来た〜」という悲鳴に似た叫び声が聞こえてきた。

その声と同時に、「ウオーッ」という地響きのような喚声を上げて、五〇人ほどの革マル派の男たちが階段を駆け上がってきた。私たちは、教室の入り口に現れた彼らに机や椅子を次々に投げつけ、バリケードを作ろうとした。

しかし、そんな抵抗の甲斐もなく、あっという間に角材や鉄パイプを手にしたヘルメット姿の男たちが侵入してきた。教室のあちこちで、仲間たちが角材や鉄パイプで殴られている。椅子などで防戦する者もいたが、すぐに取り囲まれ、頭から血を流して倒れていった。

私を含めた一〇人ほども教室の隅に追い込まれ、数人の男に取り囲まれた。目の前にいたリーダーらしき男は、かつて大学構内で紅衛兵のように私を吊るし上げたFだった。

彼らは手にした角材を、剣道の乱打ち稽古のように振り下ろしながら、「お前は青解《あおかい》(社青同解放派)か」「昨日のブクロ(中核派)の集会にいたな」などと声を上げる。私の仲間たちは、「違います」「行ってません」と、か細い声を上げ、腕をかざして身を守るしかなかった。

やがて、Fは乾いた声で、部下に「鉄パイプ」と指示すると、手術中の医師が看護師からメスを受け取るかのように差し出された鉄パイプを手にし、無言のまま、その鉄パイプを思いっ切り振り下ろし始めた。半開きになったその口元は、少し笑っているようにも見えた。人間は感情を極限まで押し殺すとこんな表情になるのだ、とその時の私は感じていた。

鉄パイプは何度も振り下ろされた。

鉄パイプが人間の額にあたる時の、「ビシッ」という鈍い、無機質な音。その度に、激しくほとばしる鮮血。悲鳴交じりの苦しげな声……。腕をかざして身構える私の傍らで次々と仲間たちが倒されていく。

振り下ろされる鉄パイプの先に身を挺すれば、仲間のダメージを少なくできたかもしれない。しかし、あまりの恐怖に身が竦《すく》み、私は何もできなかった。

仲間たちが次々と倒されていくなかで、この日、なぜか私にだけは鉄パイプが向けられることはなかった。Fは明らかに意図的に私を標的から外していた。

おそらく、まだ私を鉄パイプで殴るな、という指示が組織の上から出ていたからなのだろう。新学期が始まる時期に、委員長を襲うのは得策ではないと判断していたのかもしれない。革マル派の「管理された暴力」の恐ろしさを私はあらためて感じていた。

この襲撃で自治会執行部の副委員長だったY君も額や口に怪我をした。眉間の傷は深くはなかったが、額がザクロのように割れ、血塗れだった。「歯が、歯が……」と話そうとしても呂律《ろれつ》がうまく回らず、舌先で内側から上歯付近を突くと、ガクガクと動いてしまうという。上歯の歯茎部分に鉄パイプが当たったのだ。それでも意識はあり、歩くことはできたが、精神的なダメージをかなり受けているようだった。

革マル派が去った後の教室は、戦場のような惨憺《さんたん》たる状況だった。鉄パイプで頭を殴られた仲間たちが血を流して倒れこみ、うめき声があちこちから聞こえてくる。しばらくすると、何人かが救急車で搬送されていった。頭蓋骨陥没などの重傷も含め、多くの負傷者を出すことになった。

この時、岩間輝生さんは校舎の外にいて、ドンという音とともに、中庭に人が落ちてきたのを目撃していた。後でわかったのだが、教室内にいた中核派の活動家が四階から飛び降りて足を骨折し、その足を引きずりながら逃げていったのだ。総括集会は、各学部の横断的な会合で、面識のない参加者も多く、その中に中核派の活動家がいたようだ。

革マル派が、ついに私たちにも「決定的な暴力」を行使し始めた、と私は思った。

この襲撃の三日後、大学当局は以下の告示を出した。

「四月に入り学園に新入生を迎えたが、大学においてしばしば暴力行為が発生していることは、まことに悲しむべきことである。さる二日の入学式において、学外者と思われる者を含む行動委員会と称する学生集団が、式場に乱入し、壇上において参列の教職員に対し、激しく暴力を振るうとともに、壇上を占拠し、入学式の続行を不可能ならしめた。」

「また、四日の夕刻には、本部構内、16号館及びその周辺において、革マル派学生集団と反革マル系学生集団の間で乱闘が行われ、数人の負傷者を出し、さらに五日午後も、銅像前における両派の争いから、負傷者が出るに及んだ。このような一連の暴力行為は、昨年一一月八日の事件を契機として、広く学生諸君の間から盛り上がった暴力追放の運動に全く背反する行為であり、強く戒めなければならない。

大学はこのような危険な状態を放置しておくことはできない。今後も状況によっては警察力による暴力排除など厳しい措置を講ぜざるを得ない。暴力行為をはたらく者に対し、強く反省を求めるとともに厳重に警告する。」

四日の事態は、革マル派の鉄パイプ部隊による一方的な襲撃だった。私たちは無防備だったにもかかわらず、大学当局は「両派の争い」と記していた。

入学式で反革マル派の黒ヘル部隊が壇上に乱入したので、私たちのことを「暴力集団」と見なしたのかもしれないが、それでも私たちは大学当局が革マル派の側に立っていると考えざるを得なかった。

新入生たちの反応

入学式の翌週、四月九日に授業が始まると、私たちは新入生たちの教室を手分けして回り、「新歓パンフレット」を活用しながら、一文キャンパスの現状を説明し、私たちの陣営に加わってほしいと訴えた。

一方、革マル派は「一文自治会常任委員会」を名乗り、一〇一番教室を「仮自治会室」として、一文キャンパスに常駐するようになっていた。彼らもまた独自のパンフレットを用意し、各教室を回っては支持を呼びかけていた。

川口君の虐殺事件については、パンフレットの最後の方で、「11・8川口君死亡事件」

という表題で「痛苦に自己批判」したと短く触れ、こう続けていた。

「この問題を『暴力支配の結果』として意図的に歪め、常任委員会（革マル派の自治会執行部＝筆者）の追い落としのために政治的に利用し、そのためには自治会規約すらも踏みにじり、『第二自治会』をデッチ上げようとした諸君達の自治会分断策動に対しても断固として対決してきたのである。」

これに対して、私たちの「新歓パンフレット」では、「彼は早稲田で死んだ」という表題をつけて、川口君が一文自治会室で革マル派のリンチによって殺された事件の経緯について詳述していた。

新入生たちに、私たちのこれまでの活動を知ってもらい、自由を取り戻すための自治会再建への思いを共有してほしい、という願いを込めたものだった。

私は、こんな巻頭言を書いた。

「僕自身も入学するまでは、早大に於ける革マル派支配の実体や70年の在日朝鮮人梁政明君の抗議自殺の重さの意味もまったく知りませんでした。しかし新入生諸君！　今からは『知らない』で済まされない。（中略）数えきれない程多くの学友が登校することさえ許されず、死を余儀なくされるまでに至った早稲田の血塗られた圧殺の歴史。この歴史を形造ってきた革マル・当局・そして僕達、僕達はこの歴史に抗し、新たな自治をこの早稲田の地に打ちたてることに全力をかたむけるでしょう。全ての新入生諸君！

僕たちと共に、語り、真実を探り、共に自治創造に向けて飛躍しよう！」

双方の呼びかけに接した新入生たちが革マル派に対して批判的な目を向けるようになるのに、そう時間はかからなかった。

なかには、教室にやってきた革マル派の活動家に川口君虐殺の責任を追及し、論破したという新入生までいた。執行委員会が主宰する一年生集会にも、二〇〇～三〇〇人が集まるようになっていた。

新入生の取り込みに失敗した革マル派側は、攻撃の矛先《ほこさき》を今度は第一文学部の教授会に向け、中傷するチラシを大量に撒いた。

「一文当局は、かの虐殺者＝日共・民青、中核派、社青同解放派系学生と背後で結託した、デッチ上げ『新執（新執行部＝筆者）』を尻押し、その『自治会再建運動』なるものに協力せんとしている。何一つ闘争課題を掲げず、ただただ『反革マル派』のためにのみ狂奔し、当局の『五原則』に屈服して『自治会承認』要求運動にうつつを抜かす『新執』僭称《せんしよう》派を積極的に利用しながら、一文自治会を『当局の意のままに動く』自治会＝御用自治会化することを狙っているからに他ならない。」

このチラシを撒くのと前後して、革マル派はクラス集会への襲撃や個人テロも頻発させるようになっていた。その動きに恐怖を感じて運動から遠ざかる仲間が出る一方、革マル派と敵対するセクトの「ゲバルト＝暴力」に頼るべきだという声も出始めていた。

しかし、セクトの「暴力」に頼れば、そのセクトの主張に振り回されることになりかねない。それでは、「セクト主義的な引き回しは一切許さない」という私たちの運動の大原則が崩れてしまう。この大原則が崩れれば、「自由な言論を保障する枠組み」としての自治会再建運動の正当性が失われ、運動は崩壊してしまう。それこそ、革マル派の思う壺だった。

この頃、武装の是非について、機会を見つけては行動委員会のメンバーとも話をしたが、議論が嚙み合うことはなかった。

私たちは、革マル派を糾弾してきたが、革マル派だけを糾弾したのではない。川口君を虐殺した革マル派の「内ゲバ」の論理、その身勝手な論理でキャンパスが支配されることに、「ノー」を突きつけたはずだった。私たちの自治会がセクトに従属することになれば、自治会は「内ゲバ」の舞台となり、革マル派の徹底的なテロによって叩き潰される。

そんな事態になることを、私は何よりも恐れていた。

政治セクトに利用された執行委員会

四月二一日、自治会執行委員会は新学期最初の学生大会を文学部キャンパスで開くことにした。

当初は、木造校舎での開催を考えていたが、参加者が多くなることが予想されたため、文学部で一番大きな一八一番教室に会場を変更していた。

開会するとすぐに、「統一学生大会」を叫ぶ革マル派の学生たちが押しかけてきた。彼らは、壇上の私たちのハンドマイクを奪い、マイクのコードを引きちぎるなどの妨害行動を重ね、会場は大混乱に陥った。やむなく、会場を本部キャンパスの一五号館に移し、大幅に時間を遅らせて再開することにした。

文学部キャンパスから本部キャンパスに移動しての学生大会だったが、なんとか定足数の九〇〇人を確保し、学生大会は成立した。ここで、私たちは「新年度を迎え、新たに自治委員選挙を公正に実施し、執行部を確立する」方針などを決議した。

だが、その裏では私たちが最も避けたいと考えていた事態が起きていた。

本部キャンパスに現れた社青同解放派の約二〇〇人ほどの学生が武装してデモ行進を続け、「我々は文学部の学生大会を側面支援するためにやってきた」とマイクで訴えていたというのだ。これを聞いた革マル派はいきり立ち、私たちの学生大会を「社青同解放派のテロ部隊を呼び込んで強行開催した」と激しく非難した。

私たちは即座に執行委員会の名前で、以下の声明を出した。

「我々は社青同解放派とは無縁である。本部キャンパスに乱入し、一文自治会の学生大会支援を勝手に標榜《ひょうぼう》したことを強く批判する。」

だが、声明文での主張は残念ながら徹底せず、私たちがそれまで持ちこたえてきた運動の原則と枠組みが揺らぎ始めていた。

社青同解放派に限らず、革マル派と敵対していた政治セクトは、「革マルに勝つためなら、どんな手段を使っても構わない。革マル派に勝てば、学生たちから歓迎されるに違いない」と考えていたのではないか。そのためには、私たちの執行委員会を隠れ蓑《みの》のように利用することも厭わなかった。

しかし、私たちは、革マル派の暴力に限らず、「内ゲバ」を許容するセクトの論理そのものを拒否して運動を始めたのだ。

この学生大会を機に、革マル派の暴力はますますエスカレートしていった。

級友の林茂夫君も登校できなくなった。学生大会当日、登校しようとすると、文学部のスロープ上で検問の活動家たちに取り囲まれ、「お前たちは、アオカイ（社青同解放派）とつるんでいるのか。自己批判しろ！ 自己批判なしには、お前を文学部には入れない」と宣告されたのだ。彼は一年前に革マル派が牛耳《ぎゅうじ》っていた自治会で、私たちのクラス代表として自治委員になっていたから、顔を覚えられていたのだろう。革マル派の暴力が激化する中、集会などの際には、級友たちが交代で私の周囲を固め、ボディーガード役を務めてくれた。林君もその一人だったが、たまたまクラスの仲間から離れた時に、革マル派に捕まってしまったのだ。

文学部では、林君のような「登校不能者」が各クラスで急速に増えていった。

五月二日には、私たちが文学部一八一番教室で開催した教授会との団交に、また革マル派が「統一団交」と叫びながら乱入してきた。四月の学生大会の時と同様に、演壇でハンドマイクが引きちぎられ、会場のあちこちで小競り合いが起き、団交は中止せざるを得なかった。

その後も、私たちが集会を開く度に、似たような事態が繰り返された。

総長を拉致しての団交

ゴールデンウィークが明けると、行動委員会と団交実行委員会のメンバーが、それまでの大学当局への不満を一気に爆発させる事態が起きた。

五月八日、理工学部の教室で講義中だった村井資長総長を、政経学部を中心とした団交実行委員会と行動委員会のメンバーが拉致し、力ずくで〝総長団交〟を実現させるという暴挙に出たのだ。

午前一一時過ぎ、黒ヘルメットに白い覆面姿の彼らは約三〇人ほどで講義中の教室に押し入ると、村井総長を取り囲んで連れ出し、黒い布を頭からかぶせて用意してあった車に乗せた。

雨の降る中、まず総長を八号館入り口前に連行して、五〇〇人ほどの一般学生が遠巻きに見守る中、「リンチ殺人事件以降、学生と話し合う姿勢がないのは許せない」「なぜ団交に応じないのか」などと追及し、その後、正午前に八号館三〇一教室に場所を移すと、そこに集まった五〇〇人ほどの学生との〝総長団交〟を強行したのだ。

私は、この総長団交の決行について、事前には全く知らされていなかった。村井総長が八号館に連行された後、「総長団交が始まったので樋田も来てほしい」と一文の執行委員会メンバーの一人から知らせを受けた。

「とんでもないことをしてくれた」

私はそう思いつつも、八号館へ駆けつけて、会場の隅でその進行を見守った。会場には次々と学生が集まり、午後二時過ぎには約一五〇〇人ほどに膨れ上がっていた。

両脇を学生に固められて壇上に座らせられた村井総長は、「川口君の虐殺を招いたのは大学当局が革マルを利用していたためだ」と、その責任を追及されていた。さらに、「機動隊導入とロックアウトを自己批判せよ」と学生たちが迫ったが、村井総長は拒否し、「各学部の新執行部を承認せよ」との要求に対しても一切応じなかった。

午後三時過ぎに村井総長が体の不調を訴えたため、大学側は演壇の袖に医師を待機させたが、その後も団交は続けられ、午後五時過ぎ、「一七日に再団交を開く」という確約書に署名することで、漸く総長は解放された。壇上の黒板には「全学『総長』団交勝利」と大きく記されていた。

翌日、村井総長は拉致されたときの心境を新聞でこう語っている。

「教室から連行されたときは、一言も口をきくまいと思っていた。しかし、壇上で学生の顔を見ているうちに考えが変わった。私を連れ出した一部の学生とは違う。川口君の死をきっかけに学園から暴力をなくそうと願いながら、自治会再建のあり方に悩んでいる顔だ。総長として何か答えなければいけないと思った。」（毎日新聞　九日付朝刊）

私は総長団交の成果がゼロだったとは言わない。しかし、行動委員会などがヘルメット姿で入学式に乱入したのと同様に、総長の拉致という行為によって、新入生たちに「反革マルのグループも政治セクトと同じ」との先入観を与えてしまったのは確かだと思う。

総長団交を実現させたグループは再度の総長団交に向けて、「一文実行委員会」の結成を呼びかけるチラシを撒いた。そのチラシでは、「もはや形式的な団結の象徴である執行委員会だけでは決定的に不充分」と言い切り、「自治会執行委をも内包した最大限広汎な学友によって担われる実行委の創出」が必要であると訴えていた。これは、「団交実行委のもとに執行委員会を位置付ける」という行動委員会の主張と重なっていた。

「自由を守る砦《とりで》として自治会再建」を主張する執行委員会と、行動委員会グループとの亀裂は、もはや修復不可能な段階に達しつつあった。

行動委、団交実行委とは、やがて袂《たもと》を分かつ日が来るだろう、と私は感じていた。だが、自治会執行部内でも、行動委、団交実行委の武闘路線を支持する者が増えつつあった。これから運動をどう展開していけばいいのか、私は途方に暮れていた。

鉄パイプでメッタ打ちにされる恐怖

執行部内での亀裂に悩む日々が続く中、ついに私自身が革マル派に鉄パイプで襲撃される事態となった。

五月一四日午後、私は本部キャンパスの二二号館大教室での法学部の学生集会で、総長団交への参加を呼びかけた。法学部の自治会は「全学の支持を得ていない団交は認めない」と消極的な姿勢を示しており、なんとか全学の総意で総長団交に臨みたいとの思いからだった。

その集会が終わった夕刻、仲間と二二号館前で話していると、突然、物陰から一〇人前後の見知らぬ男たちが現れた。その中で、かすかに見覚えのある学生風の男が私を指差し、「こいつが樋田だ」と叫んだ。

彼らはすごい形相で私を睨みつけ、明らかに殺気だっていた。上着の内側に隠し持っていた短い鉄パイプを取り出すのを目にして、これはまずいと直感した。いつかは襲われるという予感はあったが、突然、その日が訪れたのだ。

用心してはいたつもりだったが、まさか、一般の学生が往来する構内のこんなに目立つ場所で襲撃されるとは思ってもみなかった。どこかに油断があったのだろう。

男たちは私を取り囲むと、言葉を発することなく、羽交い締めにし、いきなり押し倒してきた。抵抗する間もない、一瞬の出来事だった。すぐに、「足を狙え」という声とともに、足首、膝、すねに一斉に鉄パイプが振り下ろされる。

鉄パイプがすねに打ちつけられる度に、骨に直撃する鈍い音とともに想像を絶する激痛が走る。だが、彼らは無表情で黙々と鉄パイプを振り下ろし続けた。

その無表情に恐怖心がさらに煽《あお》られ、私は「このままでは殺される」と本気で感じていた。

致命的なダメージを一瞬にして与える刃物や銃などの武器とは違い、鉄パイプは殺傷効果では劣るが、それだけに何度も振り下ろされることで、激痛とともにその恐怖で心身が冒されていく。まさに、あらゆる意欲が削《そ》がれていくのだ。

彼らにとって、敵の戦意を萎《な》えさせ、服従させるために、これほど有効な武器はないだろう。

激痛に悶《もだ》えていると、「学館（革マル派が拠点としている第一学生会館）へ連れていけ」という声が聞こえてきた。このまま学生会館に連れて行かれたら、本当に何をされるか分からない。

私は近くに自転車駐輪用の鉄柱を見つけると、腕を回して抱え込み、身体をエビのようにくの字に丸め、鉄柱を軸にしてぐるぐる体を回転させながら、痛みに耐え、鉄柱にしがみつき続けた。

男たちは私の足を持ち上げて、鉄柱から引き離そうとするが、私は必死だった。

少しすると、男たちは業を煮やしたのか、「腕をやれ」の声とともに、今度は私の頭部と腕に鉄パイプを振り下ろし始めた。

頭部から血がほとばしり、鉄柱を抱える腕に激痛が何度も走る。彼らは鉄柱に回した腕をほどこうとするが、それでも私は最後の力を振り絞って堪《こら》え続けた。

やがて、男たちは連行することを諦めたのか、あるいはもう十分なダメージを与えたと考えたのか、その場から立ち去っていった。

おそらく、数分間の出来事だった。だが、私にはとてつもなく長い時間に思えた。

私が襲われた時、周囲にいた仲間たちは一斉に逃げ、その場には私一人が取り残されていた。革マル派の男たちの勢いに押されてのことだったのだろう。通りがかる学生たちも遠巻きに眺めているだけだった。

一か月ほど前に革マル派に襲われた際、仲間たちが鉄パイプで殴られ続けるのを目の当たりにしながら、私も恐怖に身が竦んで何もできなかった。だから、仲間たちを責める気持ちはなかったが、それでも言いようのない孤独に襲われていた。

男たちが去ったあと、私は頭から血を流して意識が朦朧《もうろう》とするなか、足を引きずって二二号館の長い階段をなんとか這い上り、近くの学生に助けを求めた。そして、救急車で広尾の日赤病院に搬送された。

額付近は傷だらけで、両目は内出血で白目部分が真っ赤になっていた。足は骨折こそしていなかったものの、両すねや足首が腫れあがり、その後、一か月は自力での歩行が不能なほどの重傷で、入院を余儀なくされることになった。

母と一緒に故郷に帰りたい

翌日、革マル派は文学部キャンパスなどで、「樋田に革命的鉄槌を下す」と書いたチラシを撒いたのだという。そのことを私は病室で知った。

同じ日、執行委員会名でもチラシが出された。

「大学を全学生の手にするために、終始一貫して運動の先頭に立ってきた二年Jクラスの樋田君（自治会執行委員会委員長）が十四日午後七時四五分、22号館前で二十名の革マルから鉄パイプでメッタ打ちにされ、左眼、右足、顔面を血にまみれさせられた。

革マルは樋田君に対する陰惨なテロを、様々な理屈づけを行なって正当化している。しかし、一度でも樋田君の演説などを聴いた者なら、革マルのことばが如何に欺瞞《ぎまん》に満ちたものであるか、わかると思う。樋田君を先頭とする我々の運動は決して党派斗争ではない。我々の運動は革マル対反革マルではなくて、革マル対革マルでない全ての者の自由のための運動なのだ。我々はセクトの組織的介入を一切許さないと確認している。」

これは書記長の山田さんが書いたものだった。この時点では、まだ執行部として「非暴力」で闘う方針は貫かれていたのだ。

私自身も、病室でチラシを書いた。手書きの文字は読みにくかったはずだが、文学部キャンパスなどで仲間たちが配ってくれた。タイトルは「病床より訴える」とした。

「今僕達が彼らの期待通りに気をひるませ孤立し、敗北すればまさに、革マルの暴力支配が再び、早稲田に復活すること。（中略）僕達はあたりまえのことをしているのだ。それは自らの生活の場＝早稲田を一党一派の暴力支配から解き放つことであり、故川口大三郎君が口ぐせのように言っていたという『早稲田を自由にものがいえる学園』にすることなのだ。」

入院した翌日、愛知県の実家から母が病室にやってきた。

「前夜、眠れず、お前が苦しんでいる夢を見た。心配になって、大学へ行き、ここに入院していることを知った」と母は言ったが、きっと仲間が私の入院を母に伝えてくれたのだろう。

仲間たちのためにも気を吐かなくては、となんとか自らを鼓舞していたが、母の顔を見た瞬間、その緊張の糸が切れそうになった。何もかも打ち捨てて、母と一緒に故郷へ帰りたいとの思いが、一瞬、頭をよぎった。だが、そんなことはできるはずもなかった。母は病院を訪れた際、私が襲われた時に穿《は》いていた血塗れのズボンを持ち帰っていた。血痕があちこちに黒く飛び散り、切り裂かれたような穴が無数に開いた水色のズボン。母はそれをずっと保管しておいて、何年も経ってから、「これは、あなたが邪悪なものと闘った証拠だからね」と見せてくれた。

私の入院中、実家では「即刻、大学をやめさせ、田舎へ戻した方がいい」と両親に迫る親類もいたそうだが、父は「私は息子を信じる」と主張したという。入院中は弱気になることもあったが、両親の私への思いもまた支えになっていた。

約一か月後に退院すると、私は吉祥寺の自分のアパートには戻らず、山田誠さんが居候している川崎市生田の従兄弟のアパートに身を寄せて、歩行訓練などのリハビリをしながら静養させてもらうことになった。

入院中も革マル派の再襲撃に備えて、仲間たちが病院内で警戒してくれていたと見舞いに来た人から聞いていた。その頃の私は、一人でいることに恐怖を感じていた。

入院中もふとした瞬間に、脳裏にあの襲撃の光景がスローモーションの映像のように蘇ってくる。心身ともに、想像した以上のダメージを私は受けていた。「恐怖」の記憶はいつまでも心から消え去らず、半世紀を経た今でも、寒い季節に足の古傷が痛む度に蘇ってくる。

山田さんも、彼の従兄弟も、私を家族のように温かく迎え入れてくれた。早稲田での深刻な話などには一切触れず、他愛のない冗談を言ったり、子どもの頃の思い出話を披露するなどして、気持ちを和らげてくれた。そのおかげで、私は心身の傷を徐々に癒していくことができた。

団交の確約を破棄した総長

入院中に、私たちの運動を根本から揺るがしかねない事態がいくつか起きていた。

入院した三日後の五月一七日には、八日に総長が確約した〝全学総長団交〟が予定されていた。

だが、前日の午後になって、大学当局は学内六か所の掲示板に、団交を中止する旨の告示を貼り出した。「集会を開けば大混乱が起きる。人命の危険もある」というのがその理由だった。

中止の決定に際して、村井総長はこんな談話を発表した。

「授業中の教員を不法に連れ去ることは容認出来ないが、理性による対話を確立しようと努力して来ているので、全学的集会への参加を決意した。現実には力の論理を信じる学生セクトが横行していることは誠に不幸なことだ。話合いの場をもって反省と前進を求めようとしたが、それが時機を得ず不可能であることを知らされた。」

確かに、総長が団交を確約して以降、革マル派は団交の実力粉砕を掲げて、反革マルの執行部や行動委員会のメンバーに対して、鉄パイプによる襲撃を繰り返し、負傷者が続出していた。私への襲撃も、そうした流れのなかで決行されたのだろう。

私は授業中の総長に覆面をかぶせて連行するようなやり方には反対だった。しかし、総長団交の実現は願っていた。川口君の虐殺事件以来、大学の総責任者との対話の機会になると考えていた。そのため、総長が約束を反故《ほご》にしたことに私は失望した。

大学当局が、自ら問題解決への道を閉ざすような選択をした。さらには、総長団交中止に憤って集まった反革マル派の学生たちは機動隊によって排除され、負傷者も出る事態になっていた。学生たちの間には、大学当局への不信感が増し、大学にはもう何も期待できないという冷ややかな空気が流れ始めていた。

そんな空気の中で、六月二五日に文学部の新二年生の有志約三〇人が「二年生連絡協議会（二連協）」を開いた。

「二連協」は、革マル派の度重なる妨害で新学期に入っても自治委員（クラス委員）を選出できない事態の中で、クラスに根ざした運動を再建するために発足した組織だった。

その日の二連協では、革マル派の暴力が再燃し、文学部キャンパスに自由に出入りできなくなっている状況について話し合われた。

そこでは、「二連協」のあり方について、「閉ざされた組織、突出した組織ではなく、クラスのメンバーに運動の目的や手段について説明し、共に闘っていく運動体」とした上で、「自分たちの運動を守るための防衛手段として、武装も想定するが、あくまで弾圧を跳ね返し、クラスへ行って授業を受ける、討論するといった活動を保障するためのものであること」が確認されたという。

川口君の虐殺事件を機に、「反暴力」を掲げてこれまで一緒に闘ってきた同じ二年生の仲間たちが、防衛のためとはいえ、「武装」することを決めたのだ。

静養中だった私は、その経緯を後になって知り、激しいショックを受けた。

仲間たちが開催した武装集会

同じ六月二五日、私は静養先の山田さんの従兄弟のアパートを抜け出し、まだ癒えない右足を引きずりながら、久しぶりに語学の授業に出席した。級友たちは予行演習を重ねて、この日に備えてくれた。私を囲むようにして文学部のスロープをあがり、首尾よく教室にたどり着くことができたが、ホッとしたのも束の間、すぐに革マル派に気づかれ、級友たちとともに数時間にわたって教室に軟禁されてしまった。

中庭では、革マル派が「樋田が性懲《しょうこ》りもなく、（授業の）単位欲しさに文学部に現れた。自己批判を求める」と拡声器でアジ演説を始めていた。私たちはトイレにも行けず、数人の女子が泣き出したが、授業を予定していた英語担当の女性教員は教室の外で心配そうに見守っているだけだった。

夕方近くになって、一文クラス討論連絡会議の発足時からの大勢の仲間たちが救出に駆けつけてくれた。「俺たちと一緒に外へ出よう」と促され、クラス全員でラグビーのスクラムのようにひと塊になって教室から飛び出した。

正門へと向かうスロープでは、革マル派の男たちが次々に飛びかかってきて、級友たちは男子も女子も殴る蹴るの暴行を受けた。私も四方八方から髪の毛を引っ張られ、腹部などを殴られ続けた。団子状態の中で股間を握り潰され、痛みで失神しそうになった。やっとの思いでスロープを下り切り、正門の外に出た後、頭を手で払うと、毟《むし》られた毛髪が無数に落ちてきた。全身の筋肉が疲弊し、精も根も尽き果てた状態だった。

　クラスの意見をまとめていた福井文治君に、「申し訳ないが、もう樋田を守って授業に出ることはできない。みんな疲れ果てている」と言われ、「そうだね。無理は頼めないね」と答えた。私も級友たちを巻き込んでこれ以上、暴力に晒すわけにはいかないと考えていた。無理をしたためか、足の痛みがぶり返し、山田さんの従兄弟のアパートで数日間、寝込むことになってしまった。

　だが、この「集団登校」は、一文キャンパスの仲間たちの思わぬ共感を得た。「私たちはなぜオプチミスト（楽観主義者）になれるか」と題したチラシが撒かれ、こう訴えていた。

「H君はクラスの授業に出た。（中略）クラスに出ていなければ、回りの人々の様々な意見の根拠がわからなくなり、頑迷な、『正義』を振り回し、現実をとらえられず展望が具象化できぬ人間になってしまう。

　そう考えて執行委員長のH君はクラスに出た。それを見つけた革マルさんはドアを破ろうとした。それを必死の思いでH君を守りながら救いだしたのはクラスの人を中心とするみんなの素手の力だ。（中略）集団登校を続けよう。自分の大学に自由に入れないなんてそんなことがあるだろうか。私たちは素手でH君を守りきった。もし武装してH君を守ろうとするなら、キャンパスの私たちの多くはH君のそばに近づけなかったろう。武器は味方をも敵に回すほど恐しいものなのだ。」

「文芸4年のみなさんへ」と題した別のチラシには、こう書かれていた。

「そのときキャンパスには、三百名ほどの人々がことの成り行きを見守り、百人ほどが実際の救出を援助したのでした。

そこでとても不思議な情景が生まれました。（中略）素手で、樋田君を守りきった多くの人々に恐れをなしたのか、革マルとの討論の輪は二、三できたものの、革マルは一度も手を出そうとしませんでした。」

同じような趣旨のチラシが他にも数種類撒かれた。当時、文学部の多くの仲間たちが武装をめぐる執行部の方針の行方を心配していたことを痛感した。

あの日、革マル派は鉄パイプを使わなかった。いや、使えなかったのだ。私にもう少しだけ勇気と知恵があれば、級友たちを再説得し、非暴力による新たな「集団登校」運動を提起できたのかもしれない。

一方で、「二連協」のメンバーたちは、会議から一週間後の七月二日、文学部の中庭で、ヘルメットをかぶり、角材で武装して集会を開いた。ヘルメットの色はオレンジや銀色で、行動委員会の黒ヘルとも、セクトに多い赤ヘルとも違うことを学友たちに示そうとしていた。

「私たちは好きこのんで武装したのではありません。革マル派の暴力支配の復活の中で、武装を余儀なくされているのです」

ハンドマイクを手に悲痛な表情で訴え、集会後には文学部構内でデモ行進もしたという。六月二五日の「二連協」で確認し合った方針を周知させ、実践する機会と位置付けた集会とデモだった。

四年生の山田誠さんと岩間輝生さんは、二人で話し合い、「ヘルメットはかぶらず、集会を見守る」ことにしたという。この日の集会開催については、執行部副委員長のY君が文学部当局に事前に伝え、機動隊を導入しないように求めていた。当日、革マル派の妨害はなかった。

私は山田さんからこの武装集会の報告を受け、居ても立ってもいられなくなった。足の傷は完全には癒えていなかったが、大学に戻って活動を再開した。

登校すると、まず私は一五人の委員全員が揃っての執行委員会を開催して、二連協の武装集会について話し合う場を持った。

委員長に就任してから、私は運動の記録を個人ノートに書き留めていたが、久しぶりに再開した七月五日の記述は、ほとんど「武装問題」に割かれていた。

二連協の武装集会について、「行動委員会の武装とは確かに位相を異にする。」と記し、さらに、こう書き継いでいた。

「今の二連協は武装し得る組織ではない。」

「自治会として武装するなら、執行部以外には指揮は取れない。責任も取れない。」

「オレを除いた形の執行部体制が確立し、指揮をとらなければ、自衛武装は成り立たない。」

こんな踏み込んだ記述もある。

「自衛武装といっても、必ず、先制攻撃が必要という議論が出てくる。たとえ陣地戦の場合も、白兵戦は避けられない。守れる時だけ武装する、という論は成り立たない。」

「武装する以上、絶対に勝たなければならぬ。今、我々に勝つだけの人間、組織性があるのか？　ないなら、絶対に武装すべきではない。」

私は、信頼していた同学年の仲間たちが「武装」に走ったのを目の当たりにして、かなり動揺していた。

普段から山田さんたちと「不寛容に対して寛容で闘う」ためには何が必要なのかを議論していたが、私の知らないところで仲間たちは「不寛容」に舵《かじ》を切ってしまったのだ。

仲間たちを翻意《ほんい》させるためにはどうしたらいいのか。その答えを見出せないまま、それでも私はその後も一貫して武装に反対し続けた。

急襲された二連協

七月一三日は、私たちにとって痛恨の一日となった。

文学部の中庭で再び集会を開催した二連協の仲間たちが革マル派の武装部隊に急襲され、重傷者を含む八人の負傷者を出すことになったのだ。革マル派は武装化を宣言した二連協を黙って野放しにするほど甘くはなかった。

襲撃を受けた際、山田さんたちと集会を見守っていた私は、文学部の裏の「箱根山」と呼ばれている小高い丘沿いに逃げたようなのだが、実は私にはこの日の記憶がほとんどない。校舎の隅で革マル派と遭遇した瞬間などを、ごく断片的に覚えているだけだ。自分が襲われたときの恐怖が蘇り、「いやな記憶」を消し去りたいという思いが無意識に働いたのかもしれない。そのため、仲間の話や残された資料などから、当日の様子を再現する。

中庭での集会が始まったのは午後二時頃で、約五〇人が参加していた。そのうち約二〇人は「防衛隊」と称して、ヘルメットをかぶり、竹竿や角材を携えて周辺に待機していた。私は、山田さんや岩間さんと一緒に集会を見守っていた。

午後三時頃、学生から呼び出されて集会に出席した第一文学部の学生担当教務主任の岩波哲男先生が、その時の様子を手記に残している。

「一三日の金曜日で、今でもその日のことを覚えています。（中略）新執行部が久しぶりに集まっており、また代表が一人覆面をして教務主任室に入って来ました。その学生は試験の中止を要求するから中庭まで出て下さいと言いました。中庭へ出てみると一〇〇名ぐらいの新執の学生が集まり、混乱のなかでの定期試験を中止して欲しいと要求してきました。これに対して答えているとき、正門の方から旧自治会系（革マル派）の学生集団が二〇〇名位乱入して来たという情報が入りました。」

この時、集会を見守っていたクラスメートの福井文治君は、異様な音が聞こえてくるのに気づき、スロープの先の正門に目をやると、革マル派の突撃が始まろうとしていたという。

「五〇人を超える革マル派が、背丈より長い鉄パイプを持ち、一斉に地面を叩いていた。最初はドン、ドン、と間隔を空けてゆっくりしたテンポで、次第にその間隔が短くなり、最後はドドドドと地響きを立てるかのように連打した後、全員が鉄パイプを水平にして、雄叫びを上げながらスロープを駆け上がってきた。まるで、戦国時代の合戦のようだった。あれほどの恐怖を感じたことはなかった」

別の学生は、公道を走ってきた革マル派の活動家たちが文学部キャンパスに入ると同時に、リュックから三段～四段階の折りたたみ式の鉄パイプを取り出し、カチャカチャと音を立てながら手早く組み立てていた姿を目撃していた。

革マル派の急襲を受け、中庭にいた学生たちは、蜘蛛の子を散らすように四方八方へ逃げた。だが、この日の革マル派は全く手を緩めることなく、逃げ遅れた数人を鉄パイプで容赦なくメッタ打ちにしていった。血塗れになった仲間たちが、悲鳴を上げながら次々と倒れていった。

「防衛隊」にいた二連協メンバーの一人で二年K組の岡本厚君はヘルメットと竹竿を投げ捨て、校舎の階段を駆け上がり、三階の空き教室に逃げ込んだ。クラスの仲間たち一〇人ほども行動を共にし、内側から机でバリケードを作って隠れた。

その頃には、革マル派の部隊は約二〇〇人にも膨れ上がり、中庭を制圧した後、五人から一〇人のグループに分かれ、校舎内の各教室を巡回して「残党狩り」が始まっていた。

鉄パイプで床を打ち鳴らしながら巡回する革マル派の集団が、岡本君たちの隠れた教室の前の廊下を何度も行き交った。ドアをこじ開けようとする者もいて、生きた心地がしなかったが、物音を立てずに、ひたすら時が過ぎるのを待った。

岡本君は大学を一年遅れで卒業後、岩波書店に入社し、二〇二一年五月まで社長を務めた。当時を振り返り、こう話した。

「早稲田では、クラスの話し合いから全ては始まった。最後は、ヘルメットと角材で武装というところまで行き着いたけれど、結果的には、誰も殴らなかったし、実は殴れなかった。今にして思えば、誰も傷つけずに済んでよかったとつくづく思う」

二年A組の高橋康三君は、武装には反対していたが、集会に参加していて、中庭の奥の木造教室に逃げ込んだ。教室は授業中だったが、奥の空いている席に座ると、相次いでセクトの活動家らしい数人の男たちも、逃げ場を探して入ってきた。高橋君は、周囲の女性たちに声をかけ、彼らを机の下などに隠すよう頼んだ。とっさの判断で、逃げ込んできた活動家を自らのロングスカートの中に隠した女性もいた。

しばらくすると、中庭の方から木造教室めがけて投石が始まった。窓ガラスが割れ、こぶし大の石が高橋君の頭上を越えていった。その後、革マル派の男たちが鉄パイプを打ち鳴らしながら教室に入ってきて、「逃げ隠れしても、無駄だぞ！」と威嚇した。

二年J組の吉岡由美子さんは別の教室で試験を受けていた。教室に乱入してきた革マル派の男たちを見て、咄嗟に隣の席にいた級友の陰に隠れた。革マル派の活動家と論争になったことがあり、目をつけられていたからだ。それまでにも、学内で追いかけられ、殴られたことがあった。教室ではなんとか見つからずに済んだが、その後も体の震えがとまらなかった。

革マル派は中庭の各所でも検問を続けていた。吉岡さんは恐怖心を抑え、両手で顔を覆い隠して泣くそぶりをしながら、級友に体を預けるようにして検問をすり抜け、やっとの思いでキャンパスの外に逃れた。

だが、その日以来、彼女は精神的苦痛などで大学へ通えなくなり、半年後、大学を中退した。その後、彼女は「前衛舞踏」のダンサーになり、今は活動の拠点をドイツ・ベルリンに置いている。早稲田で、社会の暗闇に触れたことが、彼女の人生の方向を決めたのかもしれない。「マルクスの本は読まなくても、革マル派がひどいことはわかった」という彼女の直感的な言葉が、私の心にも響いている。

文学部の中庭で様子を見守っていた岩間さんは、当時は「国連ビル」と呼ばれていた高層の研究室棟へ逃げ込み、三階の日本文学ゼミの藤平春男先生の研究室にかくまってもらい、内側から鍵をかけた。

だが、そこにも革マル派の部隊は侵入してきた。鉄パイプを打ち鳴らしながら逃げ込んだ者の〝捜索〟を続け、岩間さんが隠れていた藤平研究室の扉も鉄パイプでガンガンと乱打された。

部屋の前で立ちはだかった藤平先生と同僚の神保五彌先生に対して、男たちは「逃げ込んだヤツがいるだろ。そこを退《の》け」と命令口調で言った。藤平先生は冷静に「ここは研究室だ。乱暴するな」と対応したが、神保先生が「君らはどこの学生だ。早稲田ではないな」と激昂し、小競り合いになる中で、藤平先生が顔を殴られて倒れると、革マル派は「やりすぎた」と思ったのか、間もなく引き揚げて行った。

その後、岩間さんは、中庭で集会を続ける革マル派の様子を窺いながら研究室で待機を続け、夕闇が迫る頃、先生に付き添われてなんとかキャンパスから出ることができた。

「文学部には私たちの運動に共感する先生は多かった。私たちの運動は人間の尊厳に基づくものだったからだと思う」と振り返るが、その後、岩間さんも革マル派の暴力支配が復活する中で文学部キャンパスに通えなくなった。

心情的には理解できるが……

私は一貫して武装化を否定していたが、それでも二連協が「もう武装しか残された道はない」と考えるようになった経緯を心情的には理解できた。

これまで一緒に闘ってきた仲間たちが、革マル派の度重なる暴力の激化と大学当局の無策によって、「武装」という選択をせざるを得ないまでに追い詰められていた。なかには反革マルの政治セクトに親近感を持つメンバーがいたのも事実だろう。

しかし、「武装して文学部キャンパスに登場する」という二連協の決死の行動は、革マル派を激怒させた。自分たちのナワバリの破壊者と捉え、他大学からも動員した鉄パイプ部隊で急襲し、負傷者を多数出した挙句、各教室を回って力を誇示し、徹底的に反抗の芽を摘み取ろうとしたのだ。

革マル派は二連協の武装化を、他の政治セクトを学内から排除するための好機とも捉えていたと思う。彼らの勢いはとどまることがなかった。

二連協を襲撃したこの日、スロープの下の正門付近では、叛旗派（共産主義者同盟叛旗派）というセクトの武装部隊が守りを固めていた。叛旗派とは、共産主義者同盟が六〇年安保闘争での敗北の責任などをめぐって分裂する中で生まれた政治セクトだが、当時、早稲田の一文に有力な活動家がいて、二連協が主催する集会を守る「盾」になろうとしたとみられる。しかし、彼らもまた革マル派に襲われ、多くの負傷者を出すことになった。

その頃、第一文学部では革マル派の暴力行為によって、すでに一〇〇人近い学生たちがキャンパスに通えなくなっていた。

武装化をめぐっての対立

「武装は間違っているという結論。ただし、説得力に欠けることは痛感。」

二連協が襲撃を受けた二日後、私はこんな文章をノートに綴っている。

その夜、私はクラスメートと飲みに行って、非暴力の運動を広げることとの困難さについて話し合っていたが、この時期、武装化をめぐって私たちの自治会は大きく揺らいでいた。

革マル派のむき出しの暴力、テロに、どう対処するのか、執行部でも毎日のように議論が重ねられた。

「暴力に対抗するには、われわれも自衛のため武装するしかない」

「ヘルメット、竹竿、角材は全共闘運動の闘争スタイルだ」

「実態としても、セクトの武装部隊に頼らないと何もできない場面があった。そのことを認め、自らの武装を考えるべきだ」

そこでは武装化を支持する様々な理由が列挙され、自衛武装を容認すべきとする執行部員がすでに半数近くに達していた。

だが、武装化に強く反対する私は、以下のような極論も述べた。

「革マル派がもし、日本全国をくまなく支配している独裁政府の状態なら、私も武装に賛成する。戦争ならば、機関銃やバズーカ砲だって手にする。しかし、彼らが暴力支配しているのは早稲田のキャンパスの内側だけで、キャンパスから一歩外に出れば、平和な日常がある。そんな中で武装しても、われわれが依拠すべき学生の支持は得られない。私たちは、自分たちのことだけでなく、自分たちがいる社会の現状から物事を決めなければならない」

時には怒鳴り合っての激しい議論が何日も続いたが、双方とも譲らず、平行線のまま互いに消耗していった。

行動委、団交実行委の武装行動が激しくなり、二連協までもが武装化するに至って、一般の学生たちの多くは明らかに運動の限界を感じ始めていた。

川口君の事件を機に盛り上がった自治会再建への情熱が次第に冷えていくのを私は感じていた。集会やデモへの参加者も減り、行動委やセクトの活動家たちの動きだけが目立つようになっていった。

執行部内で武装の是非について亀裂が走り議論の日々を過ごすなか、大学は夏休みを迎え、私は帰省することにした。

故郷に向かう新幹線の車中で、「なんで、こんなことになってしまったのか」と私は自問し続けていた。このまま執行部内での対立が続けば、私たちの運動は間違いなく破綻する。これまで必死で闘ってきたのは何のためだったのか……。

車窓を流れる夜景を眺めながら、自分の無力に苛まれ、いつの間にか涙が溢れていた。

連日の議論で疲れ果てていたせいもあってか、あるいは鉄パイプで襲撃を受けたことへのショックが尾を引いていたのか、こんな学生生活を送るはずではなかったのに……などといった恨みがましい思いまでこみ上げていた。

「内ゲバ」が激化した影響

一か月ほどの帰省中は高校時代のクラス会などにも顔を出して、自分なりに気分転換をしたつもりだったが、夏休みが明けて登校すると、さらに厳しい現実が待ち受けていた。

九月に入ると、革マル派、中核派、社青同解放派などのセクト間の「内ゲバ」が激化し、中核派、社青同解放派などと共同行動を取ることが多かった行動委員会のメンバーも、そうした「内ゲバ」に頻繁に巻き込まれるようになっていた。

九月九日に西武池袋線保谷駅構内で、同一一日に東大駒場キャンパスで、革マル派と中核派が衝突した。同一五日には、神奈川大学で革マル派が社青同解放派を襲撃し、反撃に転じた社青同解放派が革マル派の東大生と国際基督教大生を殺害する事件が起きた。

社青同解放派が革マル派を襲撃するために拠点の神奈川大学に集結し、その情報を察知した革マル派が先制攻撃をかけたところ、返り討ちにあった、という経緯だったようだ。

翌一六日には日本橋・三越百貨店の屋上で、新学期に向けた行動を打ち合わせようとして集まった早大行動委のメンバーらが革マル派に襲われ、一緒にいた社青同解放派などの活動家も負傷した。一七日には山手線鶯谷《うぐいすだに》駅構内で革マル派と中核派が集団で衝突した。

セクト間の「内ゲバ」で死者が二名も出たことで、早稲田大学構内での革マル派の暴力はさらに激しさを増していった。

春以来、一文キャンパスのスロープ付近では、毎日、革マル派が検問していたが、登校する度に、血走った目の活動家に尋問めいたチェックを受けることで、キャンパスの自由を求める学生たちのエネルギーは削《そ》がれ、闘う意欲を失わせた。一般の学生には明らかに諦念が広がっていた。

革マル派にとって、早稲田でのキャンパス支配は、もはや完全に「内ゲバ」の一環という位置付けになり、それが大学構内に入れない学生をさらに激増させていった。

夏休みに入る直前まで一文自治会執行部は「武装」をめぐる議論を延々と続けたが、結局、結論を出せないまま分裂し、すでに機能が停止していた。

その状況を踏まえて、九月に入ると私は山田さんや岩間さんと何度も話し合い、執行部の総意としてではなくとも、個人として納得のいく主張をしていこうと決めていた。

一〇月三日付で出した「一文四千の学友諸君！」と題したチラシは、執行委員会名ではなく、委員長・樋田、書記長・山田の連名によるものだった。

「一連の内ゲバ事件をしっかりと、とらえ返し、『革マル』の『暴力』、そして諸セクトの武装介入をいかに克服していくのかをこの手でしっかりと摑みとろうではないか！」

その次のチラシも、やはり山田さんと連名で出した。タイトルは「神奈川大学『内ゲバ殺人』事件を口実とした早大闘争のすり替えを許さない」。武装路線への批判をさらに強めた内容だった。

「中核派、解放派、叛旗派などは、当初から革マルとのゲバルト（革マル派と武力対決すること＝筆者）を主張しつつ早大斗争に介入し、とりわけ行動委員会を中心に一定の影響力をもってきた。

革マルのテロ攻勢が激化するにつれ、彼らの主張が正当であるかのような幻影が僕達の一部に焦りから生じ、それが彼らとの共同行動、あるいは〝自衛武装〟を主張する諸君を生みだしたのである。（中略）『武装路線』は斗争の歪曲であり、学生から運動への主体的関わりを奪い去るものとして厳しく批判せざるを得ない。」

もう私は、なんとか武装路線から撤退してほしいとの思いを込めた主張を繰り返していくしかなかった。

「非暴力」「非武装」を堅持

自治会内部が武装の是非をめぐって分裂する中、一一月八日の川口大三郎君の一周忌を前にして、久しぶりに一文自治会執行委員会を開くことになった。

六人の執行委員が出席したこの日の委員会では、川口君の一周忌追悼集会を全国の学生の総決起の場にしようという提案があり、すでに呼びかけの声明文案が用意されていた。

だが、その中に「自衛武装を断固として主張」などの文言があったので、私と山田さんは強く反対した。議論の末、採決では、「賛成3、反対2、保留1」となった。

私は「こんなに重要な問題を全執行委員一五人の半数にも満たない六人の出席では決められない」と主張したが、賛成したメンバーたちは欠席した執行委員二人分の委任状を見せ、「これで賛成は五人。投票参加者も過半数になる」として、結局、私たちは押し切られてしまった。

それからすぐに、「11・8川口君虐殺一周忌追悼集会を早大全学・全国学友の総決起でかちとろう！」と題したチラシが大量に撒かれた。そのチラシは第一文学部自治会執行委員会、教育学部自治会執行委員会、第二文学部自治会臨時執行委員会有志の連名になっており、武装問題について、以下のように書かれていた。

「私達は、決して『革マルせん滅』を目的に闘っているのではない。しかし私達の仲間である活動家達が革マルのテロルによってせん滅され、負傷していくのを、私達は黙って見ているわけにはいかない。その意味において私達は『反暴力』ではないのであり、運動を保障していくものとして、われわれの運動の利害をかけて闘争破壊者に対する自衛武装を断固として主張するものである。」

チラシは活字で印刷されており、執行委員会の場で示された文案よりもはるかに長く、周到に練られたものだった。

これに対し、私と山田さんは、再び、委員長、書記長の連名で反論のチラシを出すことにした。

「確かに、自衛＝正当防衛権は人間の当然の権利であろう。しかし、この自衛武装が具体化される段階で、クラスからの支持を離れ、学外党派と呼応する形で計画、実行された場合、それがどういう結果を生むかは火を見るよりも明らかであろう。（中略）『君達の決起によって我々の武装ははね上りではなくなる』式の主張は行動委諸君からウンザリする程聞かされた。（中略）僕達は何故一年以上にもわたって斗いつづけることができたのであろうか。それは、（中略）様々な困難、弱さをかかえた一人一人の学友が互いに自己の不十分性をみとめあった上でその弱い力を団結させてきたからであり、その為誰もが参加しうる運動形態を堅持してきたからに他ならない。(中略)僕達にもはや過ちは許されない。あくまで広範な学友の信頼を得る運動形態、方針の下に全ての学友の力で早稲田を解放していこう!」

執行委員のうち、私を含めて四人は「非暴力」「非武装」を堅持する方針で固まっていた。執行委員の中には私たちの他にも、行動委員会に批判的であったり、自衛武装について思い惑うメンバーもいたが、一緒に行動できるほどの関係を築けてはいなかった。また、革マル派の妨害のせいとはいえ、新学期になっても自治委員選挙を行うことができず、私たち前年度の執行部が執行委員会を名乗り続けるのには限界も感じていた。

このため、私たち四人は、「執行委員会」としてではなく、「川口君一周忌追悼集会一文実行委員会」を新たにつくり、同実行委員会の主催で一一月八日を迎えることにした。そこには一年生を含め、約二〇の語学クラスと専修クラスが参加した。

私たちは、数回の準備会を重ねて、「革マルによる川口君虐殺徹底糾弾!」「革マルに『川口君追悼』は言わせない!」などのスローガンや、「学外党派の介入及び集会への暴力的介入を一切認めない」などの確認事項を決めた。一年生たちは、「一文一年より」というタイトルのチラシを何種類も用意し、「11・8には早稲田に集まろう!」とキャンパスで呼びかけた。

岩間さんら日本文学専修四年の有志も「11・8集会参加決議」と題した以下の内容のチラシを配布した。

「私達は一部の武装路線には断固反対する。（中略）全く不本意ながら集会は分裂して行なわれようとしている。分裂は避けねばならないが、彼ら一部武装路線派があくまでも学外セクトの導入に固執するならば、私達は共に集会を持つことを拒否せねばならない。」

川口君一周忌追悼集会

結局、一一月八日は分裂集会となったが、それもやむを得ない選択だった。

当日、大学当局は本部キャンパス、一文キャンパスの全てをロックアウトした。例によって「混乱を避けるため」との理由が示された。早稲田の学生だけでなく、各政治セクトの動きが予想される中で、警視庁は約六〇〇人の機動隊を配備して警戒にあたるなど、大学周辺は緊迫した雰囲気に包まれた。

その前日にも革マル派は全国から約一二〇〇人の活動家を動員して本部キャンパスで「総決起集会」を開き、高田馬場駅までデモ行進していた。付近の商店はシャッターを下ろし、小中学校では集会や内ゲバで児童や生徒に被害が及ぶ危険があるとして休校措置も取られた。

これまで革マル派の暴力支配を黙認してきた大学当局は、この日も革マル派に対して正門向かい側の大隈講堂前での集会を許可していた。

革マル派の「川口君追悼集会」は、ヘルメット姿の約五〇〇人の活動家が動員され、その周囲を機動隊のジュラルミンの盾で守られての開催となった。

そのため反革マル派側は大隈講堂の周辺にも本部正門にも近づけなかった。正門の外では社青同解放派など、学外から来た政治セクトとみられるグループが「革マル殲滅」を叫び、ジグザグデモや機動隊への投石を繰り返した。

私が委員長を務めた「川口君一周忌追悼集会一文実行委員会」は、午前一〇時に当初予定していた大学本部の正門前に集まろうとしたが、騒然とした状況の中、機動隊の規制に押しやられるようにして正門前を離れ、投石やセクトのデモ隊を避け、荒海を漂う小舟のように右往左往しながら、近くの鶴巻南公園にたどり着いた。

途中で散り散りになった仲間もいたが、約三〇〇人で追悼集会を始めた。最初に黙禱《もくとう》を捧げた後、学生たちは交代でマイクを握った。革マル派の暴虐無道の行動と、それを許した大学当局を非難する発言が相次いだ。

私たちは公園での集会をいったん解散し、午後に新宿体育館に場所を移して追悼集会を再開した。この集会には約六〇〇人が参加した。政経学部の自治会や民青系の法学部自治会などとの共催だったが、中心となったのは一文の学生たちだった。厳粛な雰囲気の中で、私と山田さんはこの一年間の運動の意味と重み、武装をめぐる論争の虚しさなどについて率直に語った。集会では、「闘いはこれからも続く。もし、闘いが終わるようなら、それは早稲田の死であり、学生一人一人の死でもある」という切羽詰まった発言もあった。

分裂したもう一方のグループは、一文キャンパス西側の通称「箱根山」の空き地で追悼集会を開催した。こちらは「一文自治会執行委員会」を名乗り、「自衛武装」を主張したグループだけでなく、一般の学生も含めて約三〇〇人が参加していた。

日本文学専修のグループは独自に追悼行事を催した。同専修の桒原《くわばら》澄子さんが「文学部キャンパスが見える場所で何かしたい」と提案。大学近くの早稲田奉仕園（キリスト教系施設）に約五〇人が集まり、同キャンパスを目指して無言で行進した。ロックアウトによって閉ざされた文学部正門の前に到着すると、門の間際に並んで全員で黙禱を捧げ、桒原さんは携えてきた川口君の遺影をスロープに向けて高く掲げて、「キャンパスの自由回復」を祈った。

「私には、あのスロープを自由に歩くことを夢見ながら焼身自殺した山村政明さんと川口君の死が重なっていた。早稲田では、自らの良心を研ぎ澄ます日々が続いた」と桒原さんは振り返った。

大学本部の正門付近は、正午頃から再び騒然とした空気に覆われた。一般の学生も含め反革マルの学生たちが抗議と追悼の気持ちを表すために続々と集まり、排除しようとする機動隊とのもみ合いの末、怪我をして倒れる学生たちが相次いだ。

新聞各紙でも一周忌集会での動きは報じられた。

朝日新聞（夕刊）は「追悼ふみにじる暴力」「警官ともみ合う」「反革マルら　排除に抵抗、投石」の見出しで、「革マル派の集会だけをなぜ許すのだ」「機動隊に囲まれた虐殺の張本人の追悼は許せない」といった一般学生や反革マル派学生の怒りの声とともに、大隈講堂前で繰り広げられた機動隊と彼らの衝突を中心に、革マル派による追悼集会の様子を報じた。

毎日新聞（夕刊）は「各派が追悼集会　早大　川口君事件から一年」と中立的な見出しだったが、記事では革マル派の動きを詳しく追っていた。「リンチ事件の当事者の手による『追悼集会』だが、立看板には『自治会攪乱《かくらん》分子を一掃、小ブル雑派に死を』と激しい言葉が並んでいた。」と書き、革マル派が〝復権〟した早稲田の厳しい状況を伝えていた。

また、毎日新聞はこの日の朝刊でも、一周忌を控えた大学内での抗争の現状を「厳戒一年目の秋、「川口君の死」の見出しで伝え、私たちの運動についてこう触れていた。

「『革マル追放』『ものが自由にいえる新しい自治会を』——。革マル派のリンチ殺人事件に怒り、キャンパスをゆるがす喚声と拍手でスタートしたこの運動は、完全に破産したようだ。大学当局の公認を受けた新自治会は一つもなく、革マル系の商学部、民青系の法学部両自治会が前の形で残っているだけ。

反革マルはセクト、ノンポリの寄合い所帯で幅広い支持を集めていたが、戦術をめぐって分裂、過激派セクトとシンパは武闘に走った。革マル派はこのはみ出した部分を徹底的にたたいた。(中略)いま、法学部自治会を中心とした『革マル暴力追放』の動きが再び芽生えてはいるが、全学的には革マル派が完全に勢力を盛り返し再び地盤を築いたことを大学当局も認めている。」

私たちの運動に対して厳しい見方をした記事ではあったが、まさにいま抱えているジレンマを鋭く衝いていた。

読売新聞(九日付朝刊)では「『もう争いはやめて!』川口君の母、一周忌の訴え」の見出しで、川口君の母親、サトさんが早稲田大学サークル連合主催の追悼集会に参加し、「大学の大隈講堂で式をしたかった。きょう一日だけでもセクト間の争いがやめられたら……」と切実な思いを参加者に訴えたと報じていた。同日の毎日新聞でも、サトさんが集会後に「大三郎は早稲田を自由な学校にしようと願いながら殺されたのに、一年たったいまでも暴力事件が絶えない。そのうえ息子を殺した革マル派が自分の宣伝に集会を開くなど許せないことばかり。暴力はたくさんです」と胸の内を語ったと伝えている。

サトさんは集会会場で、「神奈川県藤沢市にセミナーハウスを建設する計画を進めている。『母親の悲しみをもう二度と繰り返したくない』というのが、この計画の願いだ」と発表した。彼女は、大学から受け取った六〇〇万円の見舞金の全てを建設費の一部として提供していた。セミナーハウスの建設を後押しし、募金運動を進めたのは、かつて川口君が活動したことがある早稲田学生新聞会などだった。

図書館占拠事件

追悼集会後、一年生たちは「もう僕たちは、傍観者ではいられない」というチラシをつくり、「一年生討論集会」を開催するなど、独自の取り組みを始めていた。

私たちは分裂の危機をなんとか乗り越えるためにも、クラス単位の組織を新たに立ち上げ、川口君の事件の直後のような運動を再度、立て直そうと考えていた。このため、追悼集会から九日後に約一〇〇人の参加で新たなクラス連絡会議を発足させた。

そこではまず、革マル派の早稲田祭を糾弾する方針を確認し、革マル派によって登校できなくなっている一〇〇人以上の学友たちへの緊急対策を文学部当局に求める運動にも取り組んだ。学内で暴行・恫喝《どうかつ》が発生した際は、即刻すべての授業を停止し、現場に駆けつけて阻止すること、各教室に警報ベルを設置すること、などを当局に求めていった。

その年の早稲田祭は革マル派、反革マルの対立で開催が危ぶまれていた。

私たちは革マル派の資金源を断ち切り、復権を阻止するために、「革マル祭を許さず、真の早稲田祭の実現を全早大人に訴える」といったチラシを撒くなどしたが、大学当局はいくつかの条件付きではあったものの、革マル派が執行部を握る早稲田祭実行委員会の公認を続け、一一月二三日から二六日までの日程で開催されることが決まった。

その早稲田祭を三日後に控えた一一月一九日の午後八時頃、政経学部や第一文学部の黒ヘルグループの一四人が、「早稲田祭の中止」と「総長団交」を要求し、正門脇の図書館に立てこもる事件が起きた。

彼らは内側からバリケードを張って図書館を占拠し、学外退去を命じる大学側に蔵書を投げつけるなどの抵抗を四時間ほど続けたが、当局が躊躇《ちゅうちょ》なく導入した機動隊によって不退去罪で逮捕された。

私たちクラス連絡会議はすぐに「本部構内への機動隊導入徹底糾弾!!」と題したチラ

シを撒いた。「黒ヘル部隊の無原則な占拠を認める訳にはいかない」とした上で、「私たちの反対にもかかわらず、革マル派の早稲田祭を承認し、機動隊を導入した当局こそ、まず、一切の責任を負うべきである」と訴えた。黒ヘル部隊の戦術の是非は別にして、私たちも革マル派の早稲田祭を認めた大学当局への怒りは同じだった。

図書館占拠事件を立案した中心指導者の中には、第二次早大闘争の闘士で、一文自治会の臨時執行部で書記長を務めていたKさんも含まれていた。夜間に図書館を占拠し、朝まで持ちこたえ、登校してきた学生たちに呼びかけて大集会を開き、闘争の将来に向けて血路を切り開く。Kさんは、そんな構想を立てたのだ、と私は人づてに聞いた。

行動委員会の理論的リーダーでもあったKさんは、一九六九年に「反戦連合」と名乗った全共闘グループが大学本部を占拠し、屋上から学生たちに呼びかけて開催した大集会の再現を夢見たのかもしれない。だが、当日、Kさんは以前の革マル派との衝突事件の際の古傷が癒《い》えず、突入メンバーに入らなかった。突入したのは第一文学部と政経学部を中心にした一四人だった。

私には、この図書館占拠が、参加者たちにとって「死に場所」を求めての行動だったように思えてならなかった。

図書館占拠事件の翌日、行動委員会系のグループは大学本部内でデモと集会を開き、図書館占拠への支持を訴えた。一部は叛旗派などのセクトと合流して革マル派が準備中の立て看板などを破壊し、放火した。行動委員会系の学生たちの表立った集会は、この日が最後となった。その後は、図書館占拠組の裁判での法廷闘争がしばらく続いたという。間もなくして、Kさんは大学を退学した。

闘いを終える決断

年末から年始にかけて、思うようにいかぬ現状をどう打開していけばいいのか悩む日が続いていた。このままでは私たちの運動は完全に行き詰まる。大学当局に黙認された革マル派の圧倒的な暴力に晒される中で、半ば厭世《えんせい》的な気持ちにすらなっていた。

一周忌追悼集会以降、私はがむしゃらに動いた。自治会の再建を目指してクラス連絡会議を新たに立ち上げ、その議長を引き受けた。クラ連は準備会合を含めると年末までに七回の会合を重ね、一年生を中心に約一〇クラスで代表者を選出できた。私の手元に残るスクラップブックを見ると、クラス連絡会議の名で計二〇種類ほどのチラシを配布していた。

一見、順調に活動が進展しているようだったが、実態は違っていた。川口君の事件以来、運動を牽引してきた肝心の二年生の動きが止まっていたのだ。

半数ほどのクラスでは六月に中心メンバーが「二連協」を結成して自衛武装に踏み出し、革マル派の急襲を受けて多くの負傷者を出していた。その傷跡は深く、運動から離れる仲間が続出し、クラスごとにまとまって動ける状態ではなくなっていた。

私がいた二年J組も例外ではなかった。自治会執行部は分裂したままで、年度が替わってから半年以上も過ぎるのに、新たな自治委員を選出できていなかった。新しい自治会の規約案はできていたが、その承認を求める学部投票は、革マル派の妨害のため実施のめどが立たない状態だった。

冬休みが終わっても、事態は変わらなかった。文学部キャンパスでは相変わらず、スロープを上がった辺りに革マル派が常駐し、〝不審者〟を摘発するための〝検問〟が続いていた。私たちは文学部キャンパスに入れず、本部キャンパスの八号館のラウンジを間借りして会議を開き、チラシを作っていた。文学部の人間が文学部で活動できないという「異常事態」は、私にとって、もはや耐え難いものとなっていた。

新しい年を迎える中で、私たちは教授会に対して「革マル派の暴力によってキャンパスへ入れない学友たちの授業単位の取得に格段の配慮を要請する」という内容の文書を送った。教授会側もこれに応え、学内に入れない学生については期末試験の代わりにリポート提出を認めることを決めた。

一月一二日には八号館の地下ラウンジでクラス連絡会議の第七回総会を開催し、二〇人ほどが集まった。その告知のためのチラシは「〝革マル〟——この抑圧せる集団に我等の自由を対置せよ‼」という見出しで、再結集を呼びかけていた。

だが、私たちの「闘い」は、そこまでだった。

思い悩んだ末に、私は決断をした。

「闘いを終える」

そう決める前に、私は山田さんとじっくり話し合った。

私は山田さんに運動の現状をあらためて説明し、「肝心の二年生が動かない。残念だが、もう続けられない。一年生たちに後を託したい」と切り出した。

「樋田の気持ちはわかる。だけど、君を信頼して付いてきた者たちはどう思うだろうか」

「申し訳ないとは思います。でも、このまま続けても未来が見えてきません」

山田さんはあらゆる可能性を見据えて、翻意の道を探ってくれたが、私もこれからの事態を想定して考え抜いた末の決断だった。山田さんの親身の助言は有難かったが、私の意志は固かった。何時間も話し合い、最終的に山田さんは私の決断を受け入れてくれた。

この時期、山田さんや岩間さんら四年生は、卒業を控え、卒論や卒業試験の準備に追われていた。二年生だった私も、春に専修（専門課程）へ進むための試験に代わるリポート作成の日々が始まっていた。岩間さんをはじめ、他の信頼する仲間たちにも私の決意を伝えると、「残念だが、やむなし」と最終的には受け入れてくれた。

その後、私は一年生グループのリーダーのS君と会った。「私たち二年生が運動を続けるのは、もう限界だ。君たち一年生に後を託したい」と話すと、彼は悲しげな表情で、「事情は分かりました。でも、一年生だけでは闘えません」とつぶやいた。

一年生グループは川口大三郎君の一周忌の前後に独自の集会を開くなど熱心な取り組みをしてきたが、彼らも革マル派との闘いを終えることを決めた。ただ、幸いにも一年生たちは、革マル派の活動家たちに目をつけられないように、一人一人が慎重な行動を取っていた。

「一年生については、革マル派の妨害で授業に出られない学生はいないはずです。今なら、無傷で撤退できます。別の形で、学外で運動を続けることだってできます」

S君が私を気遣うようにそう言ってくれたので、少しだけ救われた気持ちになった。しかし、実際のところ、私は一年生たちにひたすら詫びるしかないという心境だった。私は一年生たちに「一緒にがんばろう」と鼓舞したあげく、一方的に手を引くことを決めたのだ。S君たちは、私に対して複雑な思いを抱いていたことだろう。

文学部キャンパスで暴力支配を復活させていた革マル派は、私たちが闘いをやめたことを知らないまま、しばらくの間、中庭などで「第二自治会策動を許さない」などとアジ演説を続けていた。

川口大三郎君の虐殺事件が起きた後、私は文学部キャンパスでたまたま一番最初に、「革マル派を許せないと思う人は、この指とまれ」と指を差し出した。その指に、何千もの学生たちの指が積み重なった。その重さに耐えられなくなりそうなことが何度もあったが、これまでなんとか持ちこたえてきた。

だが、セクト間の内ゲバが激化し、それに巻き込まれるような形で武装化をめぐって自治会が分裂していく中、重ねられていた指は次第に離れてゆき、最後に、元の一人の指に戻った。そして、私は自分の指をポケットの中に戻した。

早稲田に自由を取り戻したい。その強い思いがあったからこそ、あらゆるものを犠牲にしてでもこれまで闘うことができた。だが、もうこれ以上仲間たちを理不尽な暴力に晒すことはできないという思いが、何よりも私の中にはあった。これからは、一人の学生として生きてゆくことになる。肩の荷をおろすことで、どこかでホッとしてもいたが、不寛容に対して寛容でどう闘い得るのかという自らに課した課題は道半ばで頓挫《とんざ》せざるを得なかった。

闘いを終結したことで、川口君の無念を晴らすことはできず、一緒に闘ってきた仲間たちを、とりわけ一年生たちを裏切る形にもなってしまった。

このまま私たちの運動を終わりにしていいのか。不寛容に寛容をもって対峙する方法は本当に他にはなかったのか。何か別の形での抵抗運動を続けられたのではないのか。自らが決断したことでありながら、その後も私は自責の念に駆られることになった。

新聞記者を志望

運動から身を引くことを決断した私は、一九七四年四月に三年生になり、社会学専修に進んだ。

高校三年の時から蓄え続けていた髭を剃り落とし、長髪も切り、七三分けにした。登校の際はサングラスをかけ、背広にネクタイのスーツ姿になった。キャンパスで革マル派に見つからないようにするためだったが、自分の気持ちに踏ん切りをつけるためでもあった。

社会学専修では、正岡寛司助教授が指導していた家族・農村社会学のゼミに入った。週一～二回の通学時には、文学部正門のスロープは通らず、キャンパスの裏山からの間道を抜け、革マル派の監視をすり抜けていたが、変装して革マル派の目を避けながらキャンパスを歩く時の恐怖と緊張は、その後も卒業まで続いた。

当時、私の心は不安定だった。キャンパスを出て街を歩いている時、突然、涙が溢れてくることもあった。夜ごと、革マル派に襲われる夢を見たのも、この頃のことだ。

あの恐怖が夢の中で蘇り、起きてからも体の震えが止まらないのだ。運動の挫折と革マル派から襲撃を受けた恐怖の記憶は、想像以上に私の心を衰弱させていた。

この年、私の妹も早稲田大学第一文学部に入学した。父親は強く反対していたようだが、妹は「学生運動はどの大学にもある」と気楽に構えて早稲田の第一文学部を受験していた。

新入生を迎えるにあたり、学内での勢力を完全に復活させていた革マル派は第一文学部自治会常任委員会を名乗り、様々なチラシを配り、勧誘のためのイベントを行っていた。妹が中庭で革マル派から受け取ったチラシには、「自治会を混乱させた樋田一派を文学部キャンパスから追い出せ」と書かれていたそうだ。

妹は誰にも見つからないように、すぐに破り捨てたが、教室に入っても心が落ち着かなかったという。サークル巡りをしていた時には、名簿に書いた名前を見た先輩から、「あなた、樋田さんの妹なの？」と聞かれたこともあった。その表情があまりに真剣だったので、妹は「いえ、違います。そんな人は知りません」と咄嗟に返したという。

運動から離れても、学生生活の至るところで革マル派の影が顔をのぞかせ、脅かされる日々が続いていた。

夏休みに入ると、私は一人で水俣、天草、五島列島への旅に出た。水俣では、高校三年生の時に関わった「水俣病を告発する会」の関係者宅に数日間泊めてもらい、地元の被害者家族の方たちの話を聞いた。その後は、ヒッチハイクで各地を回り、海辺や上五島の石造りのキリスト教会の軒先などで野宿をした。五島列島では月明りだけで本を読むことができ、満月の本当の明るさも知った。大自然に身を委ねることで、私は心身の傷をなんとか癒そうとしていた。

四年生になった七五年四月、北ベトナム軍がサイゴン（現ホーチミン市）に入城し、ベトナム戦争は終結した。私は、このニュースを早稲田の本部キャンパスの正門付近を歩いている時に知った。

見知らぬ新聞記者が正門前の階段付近で、北ベトナムの勝利について学生の声を拾っていたのを垣間《かいま》見たからだ。革マル派の暴力支配が復活し、それに抗う私たちの闘いが終焉した早稲田のキャンパスで、学生たちにいったいどんな声を期待するというのか。私は、ひどくシニカルな思いにとらわれていた。

私は高校時代、米国主導のベトナム戦争に反対するべ平連（ベトナムに平和を！市民連合）のデモに何度か参加していた。その戦争が終結したというのに、手放しで喜ぶ気持ちになれなかった。この時期、私の思考はおしなべて後ろ向きで、「世の中は簡単には変わらない」と考えがちだった。

そんな自分を不甲斐なく思いながら、当時、『諸君！』という月刊誌を愛読するようになっていた。自らの従軍体験に基づき、精神主義が跋扈《ばっこ》した旧陸軍の内情を描き、独自の視点から日本人とは何なのかを問いかける山本七平氏の連載「私の中の日本軍」を真っ先に読んだ。保守系のオピニオン誌とされていたが、当時は右派だけでなく、左派の論客も寄稿し、誌上論争もしばしば起きていた。経験主義に立ち、漸進《ぜんしん》的な改革を志向する「リベラルな保守派」が存在し得ることも知り、革マル派との闘いに明け暮れていた私にとっては、思索の視野を広げるのに役立った。

正岡ゼミは、山梨県北都留《きたつる》郡上野原町棡原《ゆずりはら》（現・上野原市棡原）の大垣外地区での野外実習調査に力を入れていた。私は、大学構内での授業への出席は最小限にして、この山村での実習に没頭した。キャンパスを歩く恐怖からも解放されて、思う存分調査と勉強ができた。私は、この地区の「伝統的家族と、名望家を中心とした権力構造の変遷」をテーマに卒業論文を書いた。

ゼミで山村調査に取り組みながら、私は自分の将来について考えていた。

いつからか、かつて取材を受けた毎日新聞の小畑和彦さんのように新聞記者になりたいと考えるようになっていた。記者になれば、早稲田での革マル派との闘いの日々について書き記す日が来るかもしれない。そんな思いもよぎっていた。

卒論が高評価を受けたこともあり、卒業後、いったんは大学院の社会学コースに進学したが、新聞記者になりたいという思いが募り、七七年秋、私は大学院に在籍のまま、朝日新聞社の入社試験を受けた。

入社試験では、作文と一般教養、語学、時事問題のペーパーテストはクリアできたが、最後の役員面接で危うく躓《つまず》きかけた。履歴書で革マル派との闘いについても正直に触れていたため、役員たちから当時の様子を根掘り葉掘り聞かれることになり、鉄パイプで襲われた経緯なども説明することになってしまったのだ。

運動について一通り話した後、役員から、「何のために新聞記者になるのか？」と聞かれ、私は「社会正義の実現のためです」と答えた。その回答が生意気だと思われたのか、すかさず別の役員から「君、正義感だけで取材はできないぞ。刑事の家に夜討ち朝駆けをする覚悟はあるのか」と強い口調で問われた。私は、「あります」と即答したが、その時は「夜討ち朝駆け」という言葉の意味さえ知らなかった。

この年、朝日新聞社の入社試験を受けたのは約二二〇〇人で、編集局の取材記者として定期採用されたのは二五人ほど。自分がなぜ採用されたのか不思議だったが、おそらくギリギリで滑り込んだのだろう。私は大学院を退学し、大学既卒者として一九七八年一月一五日付で朝日新聞社に入社した。

早稲田の運動での挫折感を心の奥底に抱えながら、私は記者としての生活を始めることになった。

第五章　赤報隊事件

正義感の「空回り」

朝日新聞社に入社し、初任地が高知支局に決まると、私は早稲田で取材を受けた毎日新聞の小畑和彦さんに連絡を取った。記者として働き始める前に、この仕事を志すきっかけにもなった小畑さんに会って挨拶をしておきたかったのだ。彼は大阪に転勤しており、高知へ向から途中に立ち寄ると、私が新聞記者になったことをとても喜んでくれて、「あの時代をよく生き延びたね。記者の仕事は大変だけど、面白いぞ」と励ましてくれた。

高知支局では、着任早々、地元名物の「日曜市」の連載記事を担当することになった。日曜ごとに、高知城の大手門につながる追手筋に、近隣の農家など約三〇〇店が軒を並べる「街路市」で、特産のヤマモモや新高《にいたか》ナシ、手作りのタケノコ寿司やこんにゃく寿司などを売る農家のおばちゃんたちと客の軽妙なやり取りなどを、計一二〇回ほど書いた。高知の人たちには都会にはないおおらかさがあり、その言葉には格別の響きがあった。

やがて、私は事件記事も任されるようになり、記者としての滑り出しは順調だったが、入社二年目に、ある大失敗をした。

それは、高知の観光業界の闇利権をめぐる黒幕的な存在として知られていた闘犬センターの社長が、県の観光ポスターに使用する写真をめぐって、商工労働部に圧力をかけた疑惑を追及した記事だった。

私なりに取材をして、明らかに県の担当幹部に対する威圧行為があったと確信を持って書いたのだが、掲載されるや否や、その社長が数人の部下と共に支局に乗り込んできて、猛抗議を受けることになったのだ。

その社長が支局に県の商工労働部の幹部を次々に呼びつけて、「俺が圧力をかけたのか?」と問いただすと、いずれの幹部も即座に否定した。これによって記事の根幹が、あっという間に崩れた。

さらには、「俺を批判する記事なのに、当事者の反論コメントすらない」とも指摘された。これは新聞の記事として致命的で、弁解の余地はなかった。私の正義感が「空回り」して、最悪の結果を招いてしまったのだ。

抗議への対応として、直後に、お詫び・訂正の記事を本社版に掲載し、高知版には闘犬センターの社長の言い分に沿った経過説明の記事を掲載することになった。

一人で宿直勤務についた深夜、支局長から会議室に呼び出され、「お前の記事が、周りにどれほど迷惑をかけたのかわかっているのか！」と何時間もしぼられ、後日、大阪本社の編集局長からもこう叱責された。

「君は、闘犬センターの社長を後ろから斬りつけ、返り討ちにあった。記事で相手を斬る時は、正面から正々堂々と切る。それが鉄則だ」

言葉で人を斬る。早稲田で理不尽な暴力に対して言葉で闘ってきた私にとって、心に鋭く刺さる指摘だった。言葉は暴力にもなり得る。この失敗を大きな教訓として、私はその後の記者生活を続けていくことになる。

阪神支局への転勤

一九八三年春、私は高知支局から兵庫県西宮市の阪神支局に転勤することになった。高知での生活は五年間余り。私は去りがたい思いを抱きながら初任地を離れた。

住宅街にある阪神支局に出社すると、鉄筋コンクリート四階建ての二階に編集室があった。当時は、大都市のビル内の大規模支局は別にして、地方支局は深夜を除き無施錠だった。阪神支局も例外ではなく、いつでも、誰でも支局に出入りできるようにオープンにすることで、地元の様々な人の声を紙面に反映させようとしていた。

着任初日、不破隆支局長はこう話した。

「阪神支局は遊撃部隊だ。取材のためなら全国どこへでも行っていい。思い切ってやれ」

根っからの事件記者の不破さんや先輩記者たちに助けられ、私は自由な雰囲気のなかでいくつかの特ダネも書いた。翌八四年春、不破さんは私を大阪社会部に送り出してくれた。

大阪社会部に異動して半年後の八四年九月、私は大阪府警の捜査一課を担当することになった。この年の三月に起きたグリコの江崎社長誘拐事件に端を発した一連の食品企業連続恐喝事件（通称「グリコ・森永事件」）をめぐり、当時、各報道機関が熾烈《しれつ》な取材競争を繰り広げていた。

グリコ・森永事件は、江崎グリコの社長を自宅から拉致して、淀川水系の安威《あい》川沿いの水防倉庫に裸で監禁、現金や金塊を要求した事件を皮切りに、森永製菓、丸大食品、ハウス食品、不二家などの食品企業が連続して脅され、青酸入りの「毒菓子」をスーパーなどにばら撒かれた事件で、「かい人21面相」の名で多数の脅迫状や挑戦状が被害企業やマスコミなどに送りつけられていた。当時、この未曽有の「劇場型犯罪」に、捜査当局もマスコミも翻弄されていた。

　この事件は未解決のまま二〇〇〇年二月に時効を迎えることになるのだが、八四年一一月にハウス食品に現金一億円を要求する脅迫状が届いた際、私は目前で犯人を逃すことになった警察の致命的な捜査ミスについての特ダネを書いている。

　犯人側の指示で、現金（実は大半は新聞紙）を積んだ車が名神高速道路の大津サービスエリアに立ち寄った際、実はそこに「F（キツネ目の男）」と捜査陣が名付けてマークしていた有力な容疑者が現れたのだ。しかし捜査員は捜査本部から職務質問する権限を与えられていなかったため、Fは現金を積んだ車がサービスエリアに着いたのを少し離れた場所から確認すると、高速下の一般道へ通じる連絡路から立ち去った。

　私は警察が有力容疑者を逃していたというその情報を、親しくしていた刑事から入手していた。「俺なら、職務質問をして、相手が逃げ出そうとしたら、公務執行妨害で逮捕していた。ところが、その場に居合わせた専従捜査員たちは、どう対応するべきか合同捜査本部にお伺いを立てて、『現金授受の瞬間まで手を出すな』と指示された。事件解決の最大のチャンスを逃したんだ」

　その後、高速下の一般道では、捜査状況を知らされていなかった滋賀県警の署員が現金の授受に現れたと思われる無灯火の不審車をカーチェイスの末に取り逃していた。縦割りだった警察組織内での意思疎通の不徹底が原因だった。

この他にも大阪社会部では様々な事件を担当し、取材元との信頼関係を築くことで、私は記者としてのキャリアを重ねていった。

阪神支局襲撃事件

一九八七年五月三日、午後八時一五分頃、三年前まで私が勤務していた阪神支局で、後輩の小尻知博君が目出し帽をかぶった何者かに散弾銃で射殺される事件が起きた。一緒にいた犬飼兵衛さんも散弾銃で撃たれ、重傷を負った。

憲法記念日のこの日、私は久しぶりの休日で家族とともに大阪市内の動物園へ出かけていた。自宅に戻り、夕食をとった後、NHKのニュースを見ていると、「阪神支局で覆面男が発砲」とテロップで速報が流れ、思わず目を疑った。すぐに阪神支局に電話し、「今から支局に向かいたい」と伝えたが、デスクから「今は、支局周辺に警察の規制線が張られていて、出入りできない。追って指示するから、しばらく待て」と言われた。

まんじりともせず待機していると、深夜になって「朝一番に支局に来てくれ」と連絡があった。撃たれた二人の様子を尋ねると、デスクは「ワンちゃん（犬飼さん）は大丈夫だ。けど、小尻はアウトだ」と答えた。その直後、テレビでも、小尻記者が死亡したとのニュースが流れた。

私は、怒りで体が震えていた。記者が政治的テロによって殺されるのは国内で初めてのことだった。銃弾に倒れた小尻君と、早稲田での川口大三郎君の死が、心の中で重なっていた。

翌日、午前六時半に阪神支局に着くと、すでに十数人の記者たちが慌しく動き回っていた。みんな、一報を聞いて阪神支局に駆けつけ、警察の規制線を越えて、取材や原稿執筆をしていたのだ。小尻、犬飼両記者が倒れていた黒い人工皮革の応接セットはそのまま置かれていた。小尻君が倒れていたソファーには赤黒く血痕が広がり、犬飼さんが撃たれたソファーには散弾の跡が残っていた。凄惨なテロの現場を目の当たりにして、小尻君の無念を晴らすために、なんとしてでも犯人を探し出す、との思いがより強いものになっていた。

私は、支局のデスクの指示で、不審者情報などを聞き込む数人のチームに組み入れられた。住宅地図のコピーが配られ、その地図をチェックしながら、支局を中心に半径五〇〇メートルの範囲の住宅や商店を一軒ずつ回った。

「阪神支局で同僚が散弾銃で撃たれ、殺されたんです。犯人を見つけるために協力してください」

私たちの必死の訴えに、近所の人たちは応えてくれた。

「NHKの大河ドラマの『独眼竜政宗』を見ていた時、銃声のような音が聞こえた」

「阪神支局の前の一方通行の道を逆走してきた赤い車を見た」

様々な情報が寄せられた。公衆浴場や支局近くに建ったばかりのラブホテルの前でも不審者をめぐる情報を集めた。

目出し帽をかぶった犯人は散弾銃を抱え持ち、無言のまま支局に侵入して犯行に及ぶと、無言のまま逃走した。私が勤務していた時も、無施錠のオープンドアの支局であることは自慢だったが、それが仇《あだ》となってしまった。

事件の後、東京の通信社に届いた「赤報隊《せきほうたい》」を名乗る犯行声明文には、「反日世論を育成してきたマスコミには厳罰を加えなければならない。特に朝日は悪質である」「すべての朝日社員に死刑を言いわたす」などと書かれ、朝日新聞への激しい憎悪と右翼的な思想に満ちた内容だった。

右でも、左でも、起きること

五月一五日に阪神支局の近くの市民ホールで小尻記者の朝日新聞社葬があり、その後、犯人を追跡し、事件の真相を解明するための専従取材班が編成された。

大阪社会部で事件取材の経験がある五名が指名され、私もメンバーに入った。阪神支局での勤務経験と大阪府警での事件記者としての実績が買われたのだと思う。早稲田での川口君の事件を思い、小尻記者の無念を晴らすと誓っていた私には願ってもないことだった。

専従取材班を担当する木村卓而デスクが「お前たちは日々の原稿は書くな。ひたすら犯人を追え。必ず犯人を見つけ出せ」と檄《げき》を飛ばすと全メンバーが固く頷き、支局四階の会議室を拠点に、早朝から深夜まで犯人について何か手がかりが得られそうな人物に会い続けた。

必ず犯人にたどり着くという強い思いと同時に、私は高知支局での正義感の「空回り」の苦い経験も思い返していた。今回の取材では絶対に「空回り」は許されない。犯人への怒りの感情は胸の奥深くにしまいこみ、取材対象者の言い分を徹底的に聞いた上で、「赤報隊」につながる情報を収集する、そう自分に言い聞かせていた。

取材対象者の多くは右翼活動家や暴力団関係者だった。ひょっとしたら取材相手が犯人かもしれないという緊張の中で、私は再び、早稲田で革マル派に襲われたときの悪夢にうなされるようになっていた。

右翼活動家に会っていると、確かに「殺意」を感じることが、しばしばあった。それは私個人へのというより、朝日新聞社という組織への「殺意」である。

彼らは取材中に「天誅《てんちゅう》」という言葉をよく使った。天の定めた大義に基づき、敵を誅する（殺す）——。そして、実行後は、自決するか、警察に自首するかして、自ら責任を取るのが右翼の美学だ、との主張だった。取材の際、多くの右翼が赤報隊を支持したが、逃走を続けていることについての評価は分かれていた。

取材を重ねるうちに信頼関係のできた右翼活動家に、「右翼の排他性は明治になってからの国家神道の影響ではないのか。日本古来の神道は仏教とも共存し、寛容な宗教だったはずではないのか」と尋ねたことがある。すると、彼は「そうかもしれない。しかし、左翼との戦いは我々の絶対的な使命だ」と答えた。

赤報隊は阪神支局襲撃事件のおよそ三か月前には東京本社銃撃事件を起こしており、阪神支局襲撃事件の後も、名古屋本社社員寮銃撃、静岡支局爆破未遂、中曽根康弘、竹下登両元首相脅迫などの事件を相次いで起こし、一九九〇年五月の愛知韓国人会館放火事件を機に動きを止めた。

赤報隊が事件の度に送りつけてきた犯行声明文は、どれも米国が主導した戦後民主主義を嫌悪し、戦前の日本を賛美していた。私が会った一〇〇人を超える右翼活動家の多くも、戦前体制への回帰を主張しており、戦前の軍国主義の体制を否定する左翼とは異なる。

しかし、取材を進めるにつれ、若い右翼活動家の中には、元左翼という人たちが少なからずいることも分かってきた。

右翼の世界にも様々な系統の組織がある。大きな枠組みで考えれば、反共産主義の立場から米国を支持する既成右翼と、「反米」の主張に重点を置き、「ヤルタ・ポツダム体制打倒」を掲げて戦後社会を否定する新右翼に分かれる。私が取材をした限りでは、元左翼の活動家は、新右翼に分類されるグループに多かった。

取材を始めた頃の新右翼は、新左翼の政治セクトと同様にヘルメット姿で街頭デモをしたり、火炎瓶を米国大使館などに投げ込んだりしていた。爆弾を製造したという活動家にも会った。当然、警察からの監視の目も厳しかったが、一九八二年には、東京の新右翼の組織で、仲間の一人を「公安のスパイ」と決めつけ、殺害する事件も起きていた。川口大三郎君の虐殺事件では、敵対するセクトの暴力的解体を主張する革マル派が、川口君を敵対セクトである中核派メンバーと誤認し、スパイと決めつけて殺害したが、右翼の世界でも、「内ゲバ」や、スパイ追及による殺人事件が起きていたのだ。

右であれ、左であれ、排他的な組織では同じような事件が起き得るのだと、私は取材を通してあらためて感じていた。そして、不寛容の行き着く先は「テロリズム＝暴力」であることを、ここでも実感せざるを得なかった。

赤報隊による一連の事件は未解決のまま、二〇〇三年三月に全て時効となった。

警察の組織をあげての捜査と私たち朝日新聞専従取材班による一六年間に及ぶ努力にもかかわらず、犯人にはたどり着けなかった。私はこの時、日本社会の底に広がる「闇の世界」に行く手を阻まれたと考えざるを得なかった。その「闇」は、早稲田で革マル派と闘った時に感じた「闇」と同質のもののように思えた。

私は時効後も仕事の合間をぬって、個人として赤報隊を追い続け、二〇一八年二月、取材の経緯をまとめた『記者襲撃　赤報隊事件30年目の真実』（岩波書店）を上梓した。

第六章　転向した二人

獄中で書かれた「自己批判書」

二〇一七年暮れに朝日新聞社を退職後、私は早稲田での出来事に自分なりに納得のいく決着をつけ、川口君虐殺事件の経緯とその背後には何があったのかを、後の世代に伝え残さなければならないと考えるようになっていた。

そのために、第一文学部自治会委員長だった田中敏夫さんと、同書記長で川口君虐殺事件の実行犯の一人であったSさんにはどうしても会わなければならない、と思い続けてきた。この二人はいずれも事件から一年後に獄中で「自己批判書」を書いて転向していたからだ。

学生運動の世界で、「自己批判」とは論敵に強要して屈服させるものと捉えられていたが、彼らの「自己批判書」は文字通り、自発的に書かれた真摯《しんし》な反省文だった。

第一章で書いたように、私が田中敏夫さん宅にたどり着いた時には、田中さんはすでにこの世にいなかった。そのため、田中さんの思いについては推測するしかない。

私には、川口君の学生葬での田中さんの憔悴し切った表情と、世捨て人のように生きたというその後の人生が、重なって見える。

田中さんは、革マル派の人間としてただ一人出席した、あの学生葬の日、会場を埋めた学生たちの怒りと悲しみを、一身に受け止めていた。政治セクトの指導者としての言葉と思考が、学生たちの怒りを鎮めるには、何の役にも立たないことを、直視せざるを得なかったのではないか。

事件から約半世紀を経てなお私の手元に残してある、薄茶色に変色した学生葬を報じる朝日新聞の切り抜き記事には、両手で顔を覆って泣き続ける川口君の母、サトさんの前で、深く頭を垂れる田中さんの写真が大きく掲載されている。

その写真をじっと見ていると、当時、彼に対して抱いていた怒りの気持ちとはまた別の感情も生まれてくる。革マル派という組織が犯した殺人を許す気持ちは微塵《みじん》もないが、あの時、彼は個人として何を思っていたのだろうか。

田中さんは有能な活動家だったのだろう。革マル派の全国最大の拠点大学である早稲田の第一文学部自治会委員長を二期務め、さらに全学中央自治会委員長にも就任していた。川口君の事件の前後に彼が組織の中でどんな主張をしていたのかについてはわからない。学生たちを力で抑え込む「強硬策」を主張していた可能性だってある。確かに、学生葬の直後にも、彼は革マル派の集会やデモを指揮し、マスコミの取材にも応じていた。

しかし、事件後二か月ほどで、彼はキャンパスに姿を見せなくなり、翌七三年の一月にはそれまで副委員長だった大岩圭之助さんが「委員長代行」を名乗るようになっていた。

田中委員長は、なぜ突然、姿を消したのか。私はどうしても、その真意を知りたかったが、彼の死によって、その願いはもう叶《かな》わない。

しかし、こんな想像をしてみる。あの時、田中さんは、このまま突き進めば、自身がイデオロギーに搦《から》めとられた「モンスター（怪物）」に成り果てる、と考えたのではないのか。学生葬に出席したのを機に、そんな思いが徐々に膨らみ、活動を続けられなくなったのではないのか。

田中さんは、自己批判書で「川口君のお母さんと大学葬（学生葬＝筆者）の時に会ったが、あの姿をわたしの母に置き換えてみた。生涯を償《つぐな》いにあてたい」とも書き綴っていた。

「密室殺人」全容解明

田中さんから二日遅れて、一九七三年一一月九日に自己批判書を書いたSさんには、二〇一九年の暮れに会うことができた。

その時のことを書く前に、時計の針をいったん七三年の秋に戻し、事件発生から一年経って実行犯が逮捕されるに至った経緯に触れておく。

川口君の一周忌を間近に控えた、七三年一〇月二一日、国際反戦デーで街頭行動に出ていた革マル派の活動家四人が監禁致死の容疑で一斉に再逮捕された。早稲田大学の元第二文学部自治会委員長のM、元同副委員長のT、元第一文学部自治会書記長のS、元同会計部長のAの四人で、いずれも七二年一二月に監禁致死容疑などでいったん逮捕されたものの、完全黙秘を貫き、処分保留で釈放されていた。

警視庁は、再逮捕に踏み切った理由について「新たな情報が入ったため」としていたが、四人のうちのS、つまり今回会うことのできたSさんが犯行の全容を供述し、それまで完全黙秘の壁に阻まれていた「密室殺人」の実態が解明されたのだ。

Sさんは警視庁地下の取調室で、川口君へのリンチの状況を詳しく供述した後、現在の自分の心境を同じ世代に訴えたいと、取調官が供述調書を清書している間に、ペンと紙を借りて、以下の「自己批判書」を一時間ほどで書き終えたという。

「川口君を死に追いやった本人として、そして当時一文自治会の書記長をやっていた責任ある者として、私が完黙（完全黙秘＝筆者）をやめ私の社会的責任を明らかにする心境になったのは、以下の理由によるものです。

それは彼の死に直接関係した私が、自己の社会的責任を明らかにすることによって、故川口君の冥福を心から祈ると同時に、川口君のお母さんに深く謝罪したいと考えたからです。さらに、現在の党派関係の異常性とそこにおける暴力的衝突を見るにつけ、かかる現状を深く憂い、二度とこのような不幸な事態がおこらないよう強く切望しているためでもあります。

私は川口君の問題を真剣に考えている全ての人々に次のことを強く訴えたいのです。

現段階の党派関係は明らかに異常といえます。このような現状の中で、党派闘争に暴力を持ち込むことに関して、真剣に慎重に再検討して欲しいのです。暴力の行使に際限はありません。そしてその結果は予測をはるかに越えるものがあります。

現に私は川口君を死に追いやろうなどとは、もちろん夢にも考えていませんでした。しかし結果はあまりにも悲惨なものでした。私は、私と同世代の人間的にも未熟な若い人々が暴力を行使することになれてしまうことが最も恐ろしいのです。傷つけ、傷つけられることを厭わない人間になることが真の勇気ではないと思います。人間の生の尊厳なくして人間の解放はないはずです。今こそ、この原点に立ち帰るべきです。

確かに、現在の党派関係と党派闘争を正常に戻すことは非常に困難なことでしょう。容易にできる問題ではないと思います。それは大きな努力が必要でしょう。しかし誰かがやらなければなりません。私はそのことを、川口君の問題を真剣に考えている全ての人々にやり遂げて欲しいのです。私の犯したような重大な過ちが再びおこらないことを強く切望するからです。社会の矛盾を変革するために自己犠牲的な活動を展開している人々が、お互いを傷つけあうことほど不幸なことはないと考えるからです。

現在、私は川口君という将来ある一人の青年を死に追いやってしまった自己の人間的未熟を痛切に反省し、あわせて川口君の霊が安らからんことを祈っています。

川口君、そして川口君のお母さん、ほんとうにすみませんでした。」

Sさん以外の三人は黙秘を続けたが、一一月一一日、東京地検は四人全員を監禁致死罪で起訴した。さらに、Sさんの詳細な供述に基づき、川口君が殺された当日に教室に出入りし暴行に加わった約一〇人の活動家たちが同容疑で追加手配され、相次いで逮捕された。

その多くは処分保留となったが、元早大第二文学部自治会委員長のWは、川口君追及チームのメンバーだったとして、傷害致死罪で起訴された。

東京地検は、五人を殺人罪ではなく、傷害致死罪、監禁罪などで起訴した理由について、「殺意の認定が困難だった」と説明した。

自己批判したSさんの全面自供をもとに容疑者たちが起訴されたという一報に接して、川口君の母、サトさんはこう語っている。

「被告たちが遅まきながらでも自分たちのやったことが間違っていたと自己批判したことはうれしい。これをきっかけに、ほかの活動家の人たちも、運動の中から暴力を締め出すよう努力してほしい。大三郎が死んでまる一年たった今は、被告たちに対して憎しみより、むしろ被告たちの母親たちに対する同情の念の方が強い。」（読売新聞　一一月一二日付　朝刊）

裁判が始まると、逮捕された五人のうち、Sさんだけは「分離公判」となり、報道機関にも非公開で審理が進められた。分離公判はSさんの弁護団が希望し、裁判所側もその希望を認めた。革マル派からの威嚇を避け、本人と家族の身辺を守るためだった。

しかし、何度か開かれた公判では、開廷の度に革マル派の活動家たちが傍聴席を埋め尽くし、Sさんに罵声を浴びせ続けた。傍聴席の最前列で身を乗り出し、「この裏切り者」と大声で叫んでいたのは、私が入学した時に一年J組を担当した革マル派活動家のHだったという。SさんとHはよく行動を共にしており、それだけにHは組織への忠誠を言動で表し、生き延びることに必死だったのだろう。

Sさんへの判決は一九七四年七月末にくだされた。懲役五年の実刑だった。「判決文に事実誤認がある」として控訴したが、控訴審判決でも量刑は変わらず服役した。公安事件の服役者ということで独居房が用意された。

他の四人への判決は、Sさんへの判決より数か月遅れて七四年秋にくだされた。全員が控訴し、判決が確定したのは七六年三月だった。いずれも実刑で、M被告は懲役八年、W被告は懲役六年、T被告は懲役三年六月、A被告は懲役二年が言い渡された。五人の量刑に差があるのは、密室でのそれぞれの役割分担がある程度解明されたためとみられる。

実行犯Sさんの思い

私はSさんに会うために、出身高校の卒業生名簿から当時の住所を調べ、文学部時代の友人で元地方紙記者の協力を得て、Sさんの実兄にたどり着くことができた。その実兄に取材の意図を伝えると、「私は弟を信頼している」と言って、Sさんの連絡先を教えてくれた。

その後、私は電話でSさんと話し、東京都内の喫茶店で会う約束を取り付けた。

二〇一九年一二月二三日、Sさんは約束の時刻に現れた。

「あなたがどんな人物かも分からないので、話せない」とSさんは緊張した面持ちを崩すことはなかったが、私はこれまでの経歴とともに、取材の意図を詳しく説明した。Sさんの供述がなければ密室の出来事は永遠に解明されず、その勇気に感謝していることなどを伝えると、ひとまずは納得してくれたようだった。

「あなたの承諾なしにインタビューの内容を活字にすることは絶対にありません」と説得を続けると、しばらく考えた末に、なんとか取材に応じてくれた。

とはいえ、警戒心が完全に解かれたというわけでもなく、私の質問に対して、言葉を一つ一つじっくり選ぶように話すのだった。

約一か月後、Sさんは二度目の取材にも応じてくれた。この日は少し打ち解けてくれたようだったが、前回の取材原稿を見てもらうと、一字一句を丁寧にチェックした後で、原稿のなかに何度も出てくる「暴力」という言葉についても、「当時は、革命的暴力、あるいは実力行使といった使い方だった。むき出しの言い方ではないので、当時の私には安心感があった。その表現の方がしっくり来る」と自分に言い聞かせるように言った。

その様子からは、当時の思いを厳密に伝えようとするSさんの意思が伝わってきた。

ただ、実は私は川口君の事件が起きる前に第一文学部でSさんに何度か会っていて、その時の印象がどうしても蘇ってくる。J組を担当していたHに付き添うように私たちの教室にやって来て、威圧的な口調で話をしていた姿が目に浮かんでしまうのだ。J組の先輩たちもSさんを知っていて、「すぐに暴力を振るう人物」と話していたのが思い出された。

現在のSさんは生真面目、かつ紳士的な人物で、真摯に事件への思いや贖罪の人生について語ってくれた。

だが、二回目の取材後しばらくして、Sさんからインタビュー内容は活字にしないでほしいとの手紙が届いた。川口君のご遺族や関係者の気持ちを思うと、加害者である自分の発言を表に出すべきではないという趣旨の丁寧な手紙だった。

あの内ゲバが激化した時代の恐ろしさを伝えるには、かつて重大な過ちを犯さざるを得ない状況に追い込まれていた人間の言葉にこそ説得力があると考えていた私は、なんとか翻意してほしいとの願いを返信した。その後も二度ほど手紙のやりとりをしたが、Sさんの意志は固く、結局、インタビュー掲載の了承は得られなかった。

その判断はSさんが自身に徹底的に問いかけた末のものであり、尊重すべきだと思う。

ただ、当時は暴力行使を正当化するイデオロギー＝思想が革マル派だけではなく、他の政治セクトにも浸透していて、Sさんを「暴力派」に変えていたのだろう。私はイデオロギーの魔力について考えざるを得なかった。

中核派の集会に顔を出せば、それだけで敵とみなす。革マル派の敵味方の選別をめぐる組織の論理の過酷さに、私はあらためて戦慄《せんりつ》を覚えた。

川口君の無念

二〇二〇年夏、川口君の事件を記録する彼の級友たちのグループがネット上で、中核派の元早大キャップによる以下の証言を公開している。

「当時、あるサークルにいるという一年生が我々に連絡をとってきて、北新宿の柏木の部屋で行っていた機関紙の読み合わせ会に参加させていた。その学生が川口君と同席していた。七二年の一一月か一二月に出された革マルの社会科学部学生大会の議案書に『川口は柏木の中核派アジトで会議に参加していた』と書いてありました。あの学生が密告したということ。それ以外には考えられない訳です。」

しかし、ネットで公開された中核派の元早大キャップの証言も、その信憑性を確認できていないし、「機関紙の読み合わせ会」の開催時期や、この会の組織内での位置付けなどについても明らかになっていない。つまり、中途半端な情報なのである。

すでに書いたように、川口君は生前、信頼していた複数の級友たちに「（事件の半年前の）春頃に中核派の集会に出たことはあるが、その後、中核派に嫌気がさして出なくなった。中核派にも失望した」と話していた。私は、川口君自身が語っていたこの話こそ、ことの真相だったと信じている。川口君の性格を考えれば、革マル派によって自治会室に連れ込まれた時も、そうした事情を訴えていたのではないのか。

革マル派は、組織の指示に忠実で、寛容な心を一片も持たない、ロボットのような無慈悲な戦士を量産した。その戦士たちが川口君を自治会室に連行し、川口君の訴えを一顧だにせず、中核派の活動家に仕立て上げ、命を奪った。川口君は、なぜ自分が殺されなければならないのか、最後まで納得できないままだったに違いない。この世に無念の思いを残し、無残な殺され方をしたのである。

革マル派全学連の馬場委員長（当時）は事件当日に文学部キャンパスで開催された「米軍戦車搬送阻止決起集会」の中でのスパイ行為で川口君を摘発したと記者会見で語っているが、文学部の一八一番教室で決起集会が始まったのは午後五時なので、午後二時過ぎに拉致された川口君がそこでスパイ活動をするのは、そもそも物理的に不可能だった。つまり、「スパイ説」は、死亡した川口君には反論の機会がないとタカをくくった革マル派が、事件を少しでも正当化しようと捏造したものであり、川口君にとっては全くの濡れ衣だったと思う。

私は二〇二一年六月、日本革命的共産主義者同盟革命的マルクス主義派（革マル派）の広報担当者宛てに以下の質問書を郵送した。

①事件当時、川口さんが中核派の活動家であったとの見解を示されていたが、現在もその見解に変わりはないか。
②当時、早大一文自治会責任者は川口さんがスパイ活動をしていた証拠があると発言していたが、この証拠は現在も貴組織に保存されているのか。
③川口さんの事件に対する現時点での見解。事件当時、全学連が出した声明文の内容と変わりはないか。

質問書の発送から二か月以上を経た八月末の時点で、回答は届いていない。送付した質問書には、回答をいただけない場合、革マル派政治組織局が二〇一七年六月に刊行した『革マル派　五十年の軌跡』第五巻（年表と写真）の一九七二年の箇所を引用し、「貴組織の現時点での見解とさせていただく」と書き添えた。同書の一九七二年一一月八日の項目には以下の記述がある。

「11・8　早大でスパイ活動を摘発された中核派活動家・川口大三郎がショック死——全学連が自己批判し、11・11に革共同中央学生組織委員会が声明を発表。右翼的反動・

日共＝民青の反トロ策動や中核派・青解派の反革マル派策動を粉砕して闘う。」

第七章　半世紀を経ての対話

暴力支配を象徴した人物の転身

二〇一二年一一月、川口君の事件から四〇年を機に、「川口大三郎さんを偲《しの》ぶ会」が早稲田大学の近くで開かれた。私も旧二Jの人たちに誘われて出席した。会場には久しぶりに会う懐かしい顔も多かった。

そこでは川口君の事件が起きた当時の革マル派の一文自治会副委員長、大岩圭之助さんの近況も話題にのぼった。彼が明治学院大学で教鞭を執り、「辻信一」という名前で著書も何冊か上梓していることを初めて知った。

私は、早速、「辻信一」名で書かれた本を書店で探し、拾い読みをした。巻末のプロフィール欄を見ると、彼は米国とカナダを放浪した後、米国のコーネル大学で文化人類学の博士号を取得。明治学院大学で教鞭を執りながら、「スローライフ」を提唱する思想家、環境運動家としても活動しているとあった。

辻信一氏が「一〇〇万人のキャンドルナイト」運動の創始者であることを知り、一瞬目を疑った。それは夏至と冬至の夜、電気を消してろうそくを灯して過ごそうという、ゆったりとした生き方に思いを馳せる市民と企業を巻き込んだ運動で、私は新聞社にいた時、全国に広がりつつあったこの運動を取材し、記事にしたことがあったのだ。

学生時代の大岩さんは粗野な言動が多く、彼に殴られた仲間も何人かいた。革マル派による暴力支配を象徴する人物のように思っていただけに、その転身ぶりが俄には信じがたかった。

辻信一氏が学生運動に触れている本があることも知った。昔の仲間たちとの会合の際、中国演劇の研究者になっていた瀬戸宏さんから教えてもらった。彼は、その本も送ってくれた。一九九五年に上梓された『ブラック・ミュージックさえあれば』（青弓社）。辻氏が米国を放浪する旅で出会った黒人音楽について綴る随筆の中に、こんな一節があった。

「もうずいぶん前のことだが、ぼくは当時はやりの学生運動で何度か警察にパクられた。やくざ映画の大ファンだったぼくにはパクられて『男を上げる』という観念があって、留置場で一月や二月過ごすのは苦にならないどころか、むしろ望むところだとさえ感じた。（中略）いっぱしの革命家になった気分のぼくは、早速『読書時間』に読むためのマルクスとかレーニンとかの差し入れを、『権力』に『断固として』要求した。（中略）要求した本の差し入れがいっこうに許可にならない。意外だったのはしかしそのことではなく、マルクスやレーニンが来ないことが全く苦にならないという事実だった。」「二度目の留置場生活の時だったと思うが、マルクスのかわりにぼくが何を欲しているかが、はっきりとしてきた。それはうまいコーヒーといい音楽だった。（中略）それはまるでぼくを転向させるために送りこまれたスパイのようだった。」「いい音楽、それはブラック・ミュージックにほかならない。そのために転向したというのではないが、それが革命家気取りのぼくのハナをあかしたのは事実だ。（中略）革命という幻想で満たされなかったぼくのうちの空白を、いつの間にかBM（ブラック・ミュージック＝筆者）という幻想が埋めていた。」

音楽が、人生を変える。そんなことが、人生には確かにある。しかし、大岩さんは川口君虐殺事件の実行犯として立件された五人には含まれていなかったものの、事件当時の自治会の幹部だった人物である。川口君の事件に触れず、「当時はやりの学生運動」と気楽な感じで書いていることに私は強い反感を抱いた。

その一方で、辻信一氏が二〇一五年に上梓した『弱虫でいいんだよ』（筑摩書房）は、南米に生息するナマケモノを例に取り、生物の世界では、弱いものこそ実は強いという現実があり、それは人間にも当てはまるのではないかと提起する興味深い内容だった。

「（人間にも＝筆者）『強さ』が弱さで、逆に、『弱さ』が強さだという社会が、地域が、時代があったかもしれない。」

生物に優劣がつけられないように、これまで社会で当たり前のように信じられてきた「強い」「弱い」という価値観も絶対ではないとする逆説的な発想は、意外なことに私にも共感できるものだった。それは、ある意味では、私が理想として目指してきた「寛容の精神」にも通じる考え方だと思った。

武装した強い革マル派にとって、非暴力で闘った私たちは「弱かった」に違いない。けれども、視点を変えれば、実は強かったのかもしれないのだ。早稲田で暴力によって私たちを抑えつけた革マル派はその後、組織として衰退しているが、弱かった私たちは、その後もそれぞれの思いに沿って、しっかり生きている。

革マル派の幹部活動家だった時代に、大岩さんは「強い者が勝つ世界」を当たり前のように生きてきた。あれから半世紀を経て、勝つためには暴力をも厭わない革マル派の論理とは対極にある世界観に至った経緯を、そして、あの事件とどう向き合ったのかを、彼に直接聞いてみたいと私は思った。

半世紀ぶりの再会

大岩さんに取材依頼の手紙を二度、出した。最初は二〇二〇年春、彼が教鞭を執っていた明治学院大学の事務局を介して送ったが返事はなかった。二度目は二〇二一年三月、大学教授、思想家として活動するなか、もう過去については触れられたくないのかもしれないとも思ったが、「早稲田での出来事を本にまとめたいので協力してほしい」とあらためて依頼したところ、「会いましょう」と返事が来た。

二〇二一年三月二五日、私たちはメールでの数回のやり取りを経て、神奈川県の真鶴《まなづる》という海沿いの小さな町で会うことになった。

待ち合わせ場所に現れた大岩さんは、外見は以前と同じようにいかつい印象だったが、話し始めると、その口調には謙虚さも感じられた。

約半世紀前の出来事について話を聞きたいという私の申し入れを、大岩さんはどんな気持ちで受け入れてくれたのか。かなり警戒しているかもしれないとも想像していたが、取材は穏やかな雰囲気のなかで進んだ。

ただ、大岩さんには用意していった質問に順に答えてもらったのだが、私はその答えにすべて納得できたわけではなかった。もちろん新たに知ることも多く意義のある取材ではあったが、話が革マル派という組織の本質的な恐ろしさに及ぶと、どこかで核心を逸《そ》らされていると思えることが多かったのだ。それ以上、踏み込んで聞いたとしても平行線をたどるだけだと思い、一通りの質問を終えると、その日は和やかに別れた。

ところが、後日、取材内容を一問一答形式で原稿にまとめて大岩さんにメールしたところ、「刑事の尋問調書のような文章で、違和感がある。これでは真意が伝わらない」との返信がきた。

このため、編集者と相談し、一方的に質問を投げかける形での取材ではなく、双方が思いのたけを述べ合う「対談」をあらためて提案すると、大岩さんは快諾してくれた。

以下は、四月一九日に文藝春秋の会議室で四時間にわたって行われた「対談」である。

自分にとっての原点

樋田　僕が大学時代に考えていたのは、革マル派の暴力、つまり不寛容に対して寛容の心で、非暴力で闘うということでした。ガンディーの非暴力不服従運動を範とした取り組みを早稲田でもっと徹底してやるべきだったと、振り返って思ったりもしています。
朝日新聞社に入社してからは、社会部時代に赤報隊による阪神支局襲撃事件が起きて、その取材で一〇〇人以上の右翼に会いました。その時も、早稲田での経験が念頭にあって、右翼の主張を徹底的に聞いた上で、その存在は受け入れつつ、しかし彼らの暴力を絶対に認めないという姿勢を貫いてきました。

昨年、上梓した『最後の社主』も、朝日新聞社という言論組織の矛盾に目をつぶらないという姿勢で書きました。これまでの人生を振り返ると、僕は大学時代の学生運動での経験を原点として生きてきたんだと思います。

その一方で、大岩さんは革マル派としてご自身が関わった学生運動について、ご著書などでもほとんど触れられていません。今回は、あの時代に何があったのか、そして、どのような思いで組織から抜けて今の思想に至ったのか、その辺りのお話をさらに深く伺えればと思っています。

大岩　先日、樋田さんが真鶴での取材をまとめた原稿を送ってくださったのを読んで、僕はとても違和感があったんです。それが何なのかを考えていたのですが、今、はっきりとわかりました。僕はこれまでに学生運動が自分の原点だと考えたことがないんです。実はその辺りというのは、僕の中でもポッカリと開いているエアポケットのようなもので。不思議なことですが。

樋田　エアポケット⁈

大岩　そもそも、僕はそこを出発点にして、その後どういうふうに自分が変わってきたのかというような考え方をしてこなかった。そこがまず樋田さんと大きく違うと感じました。その意味では、僕は世間でよく言われるいわゆる挫折感だとか、転向の傷みたいなものをこれまで感じたことがないんです。
　僕は人生を何かに向かって組み立てていくという感じはなくて、先のことはあまり深く考えずにかなり行き当たりばったりで生きてきた。それは子どもの頃からそうだった気がします。ただ、これは前回もお話ししましたが、一般的な日本の家庭とは少し違う生い立ちだったので、いろいろと考えさせられることはありました。原点があるとすれば、僕の場合は子どもの頃だと思います。

樋田　それは、お父上が朝鮮のご出身だったということに関係しているのですか。

大岩　そうです。僕の父は日本統治下の朝鮮の出身で、日本に留学という目的で移ってきて、密かに独立の闘士になりたいと考えていたようです。ただ、そのことを僕は大人になるまで知らなかったんです。母や兄も教えてくれませんでした。もし知っていたらまた人生が変わっていたかもしれません。
　自分の出自は知りませんでしたが、高度経済成長期の真っただ中に育ちましたから、ある種の上昇志向というのか、世の中はどんどん良くなっていくと楽観的に思い込んでいたんですね。東京オリンピックも夢中になって見ていました。その頃から、「頭より身体だ」という感覚が強くて、高校時代は不良の友だちも多かったのですが、ラグビーだけは一生懸命やっていました。自分は論理的に頭を使うタイプではなくて、感覚的で身体的なスポーツや芸術、音楽に向いていると思っていました。

学生運動に関わることになったきっかけ

樋田　ご出身校は都立戸山高校でしたよね。

大岩　はい。

樋田　そこで、どうして学生運動に関わることになったのですか。

大岩　いつも一人で絵を描いている親友がいて、高校三年のときに彼が自分の作品を学校の掲示板に貼り出したんですね。そうしたら、「許可印のない掲示物は認めない！」と教師が剝《は》がしてしまった。作品はアートだからハンコなんか押させない、と僕たちが学校側に猛抗議していたら、それがいつの間にか全学を巻き込んだ大騒動に発展してしまいまして。それを面白がって、政治運動をしていた連中が僕たちに声をかけてきたんです。

樋田　それが革マル派系の反戦高連（反戦高校生連絡会議）という高校生組織だったのですね。

大岩　その時はよくわかりませんでしたが、気がついたら彼らに生徒会選挙にまで担ぎ出されていたわけです。親友が生徒会長、僕が副会長の候補でした。制服を拒否して私服で登校していたのは僕たち二人だけで、かなり目立っていたし、人気もあったので、そこに目をつけたんでしょうね。それと、政治的な運動に足を踏み入れたのは父親の影響もあったように思います。ちょうどその頃、父が経営していた会社が潰れましてね。

樋田　出版社でしたよね。

大岩　はい。会社が経営破綻してから、父は酒を飲んでは暴れるようになっていきました。僕は母に暴力を振るうのがどうしても許せなかった。酔っぱらうと父は夜中に一人で聞き慣れない雑音の混じった外国語のラジオ放送を聴いていることもありました。あれは短波だったのかな。

樋田　北朝鮮からの。

大岩　そうだと思います。あるいは中国からですね。僕たちの前で口にすることはありませんでしたが、父も祖国に対する複雑な思いを抱えていたんでしょうね。毛沢東を尊敬していたようで、その時代の英雄の話をよく聞かされました。「これ読んでごらん面白いから」と毛沢東関連の英語の原書を宿題のように渡されたこともあります。父は僕にとって、おっかないけど興味深い人でしたので、その期待に応えたい、喜ばせたいという思いがあって、辞書を引きながら一生懸命に読んだのを覚えています。ベトナム戦争の話なんかも聞かせてくれましたね。

そんな父親の影響もあって、政治運動にも意外に抵抗なく入っていけたのだと思います。実は自分も政治に興味があるんだよ、とアピールしたかったのかもしれない。

樋田　生徒会選挙では当選したのですか。

大岩　結局、僅差で負けました。ところがその後、「あれは二年生が民青（日本民主青年同盟＝日本共産党系の青年組織）に牛耳られていて、それで負けたんだ」みたいな話になって、そこからはあれよあれよという間に政治運動に引き込まれていくことになりました。気がついた時には僕が運動の中心になっていて、あらゆる機会に喋らされていたわけです。「うまいうまい」なんておだてられながら。

樋田　いわゆるアジテーション演説ですね。

大岩　当時、全盛だった東大闘争なんかにも刺激を受けて、高校ではバリケード封鎖もしました。その頃は大学が荒れている時代で、すぐ近くにあった早稲田大学からも学生運動の熱気が伝わってきてワクワクしていた。

バリケードを築くと、こっちが主人ですよね。教員が「中へ入れてくれ」と僕たちに頼んできて、バリケードの中に入れると、こっちは成績の悪い劣等生なのに、「君たちの気持ちを聞かせてほしい」なんてすごく丁寧に対応してくれる。そういうのが快感でね。人間としてリスペクトされているようで、一種の権力を味わえた。

学生運動では、暴力的な衝動も刺激されましたね。ある時、他校のデモを応援しに行くことになったんです。ラグビーの試合のような気軽な気持ちで出向いたら、そこで他校の生徒が教員の襟首《えりくび》をつかんで吊るし上げていた。それを見て「こんなことがありなんだ」と、僕は興奮したんですね。それからは、僕も暴力的になっていきました。登校時に校門で風紀チェックしている教員に、「何を監視してるんだ！」と食って掛かったりして。

樋田　胸ぐらをつかんで、殴ったりもしていたんですか。

大岩　殴りはしなかったけれど、足を蹴ったりはしていました。でも、他の生徒は全く教員にたてつかないんですよ。僕にはそれが不思議だったんですが、みんな学校を辞めさせられるのが怖かったんですね。それなら逆に僕は、「よし、退学になってやろう」と思って、それからは暴れまくりました。僕が辞めさせられたら学生運動も盛り上がるだろうと思っていた。でも、学校側もしたたかで、退学にはなりませんでした。どこかで、父親の期待を裏切ることへの快感もあったんでしょうね。

樋田　父親への反抗心があったのですね。

大岩　先ほども言いましたが、母に暴力を振るう父親がどうしても許せなかった。優等生であってほしいと望む父親をギャフンといわせてやりたかったんです。

樋田　前回の取材では、父親と度々殴り合いの喧嘩《けんか》をしていたとおっしゃっていましたね。ラグビー部でも、後輩たちに今ならパワハラ、あるいはイジメになるような接し方をしていたと。

大岩　しごきですよね。

樋田　暴力的なしごきもしていたわけですね。

大岩　僕はフォワードキャプテンをしていたから、スクラムの練習中なんかはひどかったと思います。

樋田　作家の高橋源一郎さんとの共著『弱さの思想』には、「身体的には、自分の中にやみがたい暴力性みたいなものを感じていて」とありましたが、高校時代に目覚めたそういう気質が、その後の学生運動にも反映されていったということでしょうか。

大岩　今思えば、そうだったのでしょうね。

入学前にスカウトされて大学の組織へ

樋田　早稲田大学で本格的に学生運動に関わるまでの経緯を聞かせてください。

大岩　高校を卒業したら大学には行かずに、働いて僕が母親を養おうと心に決めていました。ところが、父親がどうしても大学に行ってほしいと言い出したんです。それで、迷ったのですが、僕が大学に入れば母親への暴力が落ち着くかもしれないと考えて、とりあえずは御茶の水の予備校に通って浪人しました。結局、二浪して早稲田に入ることになるんですが、浪人中は港湾作業などの日雇い仕事もしていました。

樋田　肉体労働をしながら、御茶の水の予備校に通っていたんですね。

大岩　その頃の御茶の水は学生運動のメッカで活動家が周囲にはいっぱいいたわけです。明治大学などもあって、あの界隈はかなり荒れていました。それで、予備校に通いながら、そういう政治運動の場にも自然な流れで顔を出すようになっていた。早稲田に合格したら、反戦高連系の人からすでに情報が入っていたようで、入学前にはスカウトされて大学の組織にも呼ばれていました。

でも、引きずり込まれたという言い方はしたくなくて、僕自身が面白がって進んで入っていったと言えます。組織のメンバーには強い仲間意識があって、その集団に迎え入れられたという感じがしていました。

樋田　同世代ですから、政治的な運動が盛んだった当時の時代的な背景は僕にもよくわかります。僕たちは前の世代の全共闘などの影響を少なからず受けていましたよね。実は僕も高校紛争を経験しているんです。

大岩　大阪ですか？

樋田　愛知県です。高校生の政治活動を禁止する方針を打ち出した文部省の決定に抗議するために、名古屋市内にあった高校からテレビ塔まで、全校生徒の三分の二が参加する大規模なデモを実行委員のメンバーとして主催したりもしました。

大岩　全校生徒の三分の二ですか。それはすごいですね。

樋田　その後、僕は生徒会長になって、全校投票で制服制度廃止を決めたんですが、学校側は認めない。それで、私服登校宣言というのを出して、実質的に制服制度を廃止させたんです。学校側も黙認せざるを得ず、母校では私服での登校がもう半世紀以上続いています。

僕の高校にも、新左翼のセクト、民青、ノンポリなど様々な立場の人間がいましたが、思想的な背景が違っても自由に議論できる土壌がそこにはありました。

ところが、早稲田に入学したら、革マル派の自治会系の学生だけが我が物顔でキャンパスを闊歩《かっぽ》していて、それ以外の学生には発言の自由がなかった。それどころか、共産党系の活動家や教員がキャンパスで革マル派に暴力的に吊るし上げられる光景が日常茶飯事でした。

僕のクラスで革マル派に批判的な級友を自治委員に選出したら、自治会の幹部が入れ代わり立ち代わり教室にやってきて、「お前、自治会室へ来るか」と凄まれたりもした。そういう暴力的な学内支配を許せないと思っているところに、川口大三郎さんの虐殺事件が起きました。

大岩　なるほど、そうでしたか。

事件後の声明への違和感

樋田　川口君の事件の直後に、革マル派の自治会および全学連の馬場委員長が声明を出して、川口君が死に至ったことについては反省するが、彼は中核派の活動家であり、かつスパイであったから、それを追及したのは正当であったし、敵対党派に対しての暴力を否定するわけではない、と主張しました。川口君の死について、暴力を十分に管理できず、死なせてしまったことだけは反省するというわけです。そうした考え方は不遜《ふそん》だし、傲慢です。

当時、僕たちは非暴力で闘おうとしていました。賛否は別にして、革マル派に革命理論があること自体は否定しないけれど、それを実現する手段としての暴力は認められない。自分たちの暴力は正しいが、他者の暴力は間違いだという理屈は、自己を絶対視した不寛容そのものの考え方で、強い違和感を持ったんです。

僕にとっては、同じ政治的な運動といっても、高校時代と早稲田に入学してからでは大きな断絶があります。大岩さんは大学で高校時代との違いは感じませんでしたか。

大岩　運動の質が違うとは思いましたね。その頃、僕は革マル派の活動家が読んでいた理論的な本をほとんど読んでいなかったので、マルクス主義がどういうものなのかすらよくわかっていませんでした。彼らがいつも口にしていたのは、帝国主義とスターリン主義が悪いんだということでした。

樋田　革マル派というセクトを創始した理論家・黒田寛一氏が唱えた「反帝、反スタ（反帝国主義、反スターリン主義）」という思想ですね。

大岩　はい。それで、理論的な背景をよくわからないなりに、ソ連と中国はおかしいんだと思っていた。ただ、ベトナム戦争でその両国はアメリカを相手にした抵抗運動も援護しているわけです。当時、僕はベトコンは絶対に正しいと思っていました。先輩たちの議論を聞いていたら、「解放戦線は支持するけれど、批判的に支持するんだ」となんだか矛盾することを言っていた。

それで、スターリン主義というのは何だろうと興味が湧いて考えてみると、ヒトラーのナチズムにも通じる全体主義思想だというのがわかってきた。さらに言えば、一つの究極的な暴力というのは、アメリカでの先住民族（ネイティブアメリカン）への迫害とか、黒人に対する差別、奴隷制度に重なるとも思えてきた。自分なりの浅い理解なのかもしれませんが、僕が理論的に興味を持ち得たのはその程度のことまででした。ただ、暴力についての議論は、僕の中ではその頃から始まっていたわけです。

樋田　では、事件直後の馬場委員長の声明を聞いてどう思われたのですか。

大岩　正直に言えば、あまり理屈になっていないとは思いました。ただ、それは言えないので、とても居心地が悪かったのは覚えています。

樋田　そうすると、あの声明には違和感があったということですか。

大岩　はい。ただ、その違和感は脇に置いて、あまり深く考えることはありませんでした。事件後は組織の上から「しばらく学校に来るな」とか「どこの大学へ行け」といった指令が頻繁に出るようになって、急に忙しくなったんです。ある意味で、忙しさというのは僕にとってやりがいでもあった。役割があることに心地よさを感じていたんでしょうね。

樋田　充実感があったということですか。

大岩　そうだと思います。だから、違和感があろうがなかろうが、僕はその後も暴力的な行為を繰り返していました。

樋田　僕の仲間が手記に「私に対して最も暴力を振るったのはO氏である」と書いているのですが、これは大岩さんのことです。他にもそういう仲間が何人かいます。大岩さんは体格もいいし、革マル系自治会の暴力の象徴的な人物の一人でした。

大岩　取り返しがつかないことですけれど、今は申し訳なかったとしか言いようがありません。何の弁解もできない。

樋田　僕たちにとって大岩さんの暴力が怖かったのは、大岩さん個人の暴力だけなく、大岩さんの背後に、暴力を肯定し、行使する革マル派という組織があったからです。いろんな内ゲバが起きて、すでに何人も殺されていましたから。

大岩　そうでしょうね。いずれにしても、当時、僕が暴力を振るっていたのは確かです。さらに言えば、その頃、僕はもっと暴れたいとすら思っていました。組織に入るとすぐに、「こいつは高校の時からの叩き上げだ」という触れ込みで僕は役職に就かされてしまったんですね。それで、組織の表の顔を担わされて、なかなか暴力的な現場の最前線には出してもらえなかったんです。

樋田　そうだったんですね。

大岩　だからそれがちょっと不満で。むしろ暴力的な現場でこそ組織に貢献できると思っていましたから。捕まってもいいから、デモの一番先頭に出たいと志願したこともあります。

樋田　組織としては、「この男は指導者として、表の顔にする」と。だから、汚れ仕事はさせないということだったのですね。

大岩　その時はわかりませんでしたが、そうだったんでしょうね。

樋田　それで、川口君を拉致して追及するグループにも指名されなかった。

大岩　その日、僕は大学にいませんでしたから、もしいたらどうだったかはわかりません。

樋田　でも、基本的には、組織が大岩さんを暴力の最前線には立たせなかったということとですよね。

大岩　そうだと思います。事件後の馬場委員長の声明の話に戻すと、僕は違和感があったとは言いましたが、ああいう論理自体は珍しいことではないと思います。国家の暴力というのはいつもそうです。監獄から核兵器配備に至るまで、すべて同じ論理です。つまり、〝正しい暴力〟というのはあると。暴力には必ず正しさがまとわりつき、その〝正しさ〟自体が危ういものであることは、時間をかけてだんだんわかってくるわけです。

誰にも気を許してはいけないという緊張感

樋田　川口君の事件の直後に、革マル派による虐殺への怒りから政治セクトとは無縁の一般学生が、田中委員長たち数人を壇上に上げて大規模な糾弾集会を開きましたよね。大岩さんは壇上に上げられる経験はなかったと思いますが、前回の取材の際、当時の大岩さんには一般学生たちの姿が見えていなかったとおっしゃっていました。

大岩　集会などに大勢の学生が集まっていましたが、それは敵対していた他のいろんな党派の連中だと思っていました。

樋田　大岩さんにはそう見えたのですか。

大岩　そう思えました。どこからどこまでが一般学生かなんてわかりませんよ。

樋田　党派と関係なく、純粋に革マル派の暴力支配への怒りを爆発させていた学生の存在には目が行っていなかったと。

大岩　一般学生を装っていろんな党派が全国から結集していると聞かされていましたから、そういう先入観があったんでしょうね。当時の早稲田は政治運動の拠点で、外部からもあらゆる活動家が集まっていた。だから、常に警戒していました。

樋田　当時、僕は「私たち一般学生は、一人一人は弱いけれども、その弱さを認めた上で、集まろう」と訴えていたんです。それに対して革マル派は「彼らは一般の学生を装っているが、その背後には政治セクトがいる」と絶えず僕たちにレッテル貼りをしてきました。例えば、「彼らは民青の別動隊である」とか。

大岩　別動隊という言葉がありましたよね。

樋田　中核派や社青同解放派といった革マルと敵対するセクトの意を受けた学生たちだというチラシが絶えず出されていました。自治会の委員長をやっていた僕自身も、いろんなレッテルを貼られました。

　でも、実は革マル派は、一般学生の反応を一番怖れていたのではないかと思うんです。セクト色のレッテルを貼れば、「なんだ、民青か」「なんだ、中核派か」と、政治色を嫌う学生は僕たちの運動から離れていくわけですよね。それに、政治的なセクトと関係があると印象付けることで、政治運動の一環として攻撃するという大義もできる。その効果を狙っていたと思うんですが、大岩さんは僕たちへのレッテル貼りのチラシをどのようなものとして読まれていたのでしょうか。

大岩　チラシを読んだか覚えていませんが、そういう論理は組織内でまかり通っていましたから、僕もそう思うようにしていたのでしょうね。

樋田　僕たち一般学生のチラシをあえて見ないようにしていたということもあるんですか。

大岩　それはあるかもしれない。つまり、それを考え出したら、自分の立場が崩れてしまう。自分のしていることを正当化できなくなってしまうと薄々感じていたんでしょうね。

一方で、自分たちのチラシによって一般学生なんていないという幻想が強化されるわけです。まさに悪循環ですよね。あの頃、僕が暴力を振るっていたのは、ある種の恐怖に駆られていたからなのかもしれません。あらゆるところにスパイや警察が潜んでいる、周りはすべて敵だとすら思っていましたから。でも、怖いなんて言っていられなかった。だから、誰にも気を許してはいけないという緊張感がいつもありました。

樋田　その当時、僕は文学部の教室を回っていて、大岩さんと遭遇したことがあるんです。そうしたら、「おい、樋田」と近づいてきて、「お前たちが主張している早大管理支配体制粉砕って何だ？　わかってないだろ。俺が教えてやる」と威圧的に自説をまくし立てて去っていったんです。「そんなことも知らないで運動をやってるのか！」とお説教をされたようで僕は忘れられない。その頃、僕は長髪の髭もじゃの風体だったんですが覚えていますか。

大岩　いや、覚えてないなぁ。樋田さんのことを知っていたのですね。

樋田　はい。でも、そういうことを言ったかもしれないとは思われますか。

大岩　そうですね。僕はチラシは書いていませんでしたが、立て看（看板）は書いたことがあるんです。だから、そういう紋切り型の「体制粉砕」「管理支配体制」といった運動用語はよく知っていたし、あとデモのシュプレヒコールも好きだったな。どれもパターンではあるんですが、そういうのを勢いで口に出すのがうまかったんでしょうね。

樋田　なるほど。そういう感じで僕にもワーッとまくし立てたんですね。

大岩　そうだと思います。あの頃、学生運動の言葉で、「内容がない」「無内容だ」というのもよく使っていた気がします。

樋田　ああ、「お前は無内容だ」とも言われましたね。

大岩　仲間同士でも、「あいつ、内容がないから」なんてよく使っていた。それは理論派ではないという意味なのですが、実は僕もどちらかといえば自分は理論派ではなくて肉体派だと感じていました。でも議論の場になると、平気で相手を「無内容だ」と貶《おとし》めていました。

自分が逃げたら組織が崩れるような気がした

樋田　今になって振り返ると、革マル派とはどんな組織だったと思われますか。

大岩　僕はいまだによくわからないんです。当時、いろんな色のヘルメットをかぶって政治セクトが運動をしていましたが、その違いもいまだによくわかっていないくらいで。たいした違いはなかったのではないかとさえ思っている。

もちろん、かつて組織に関わっていた当事者として、僕が批判的に振り返るのを期待する人がいるということも理解できます。ただ、本当に僕はあの組織の掲げる理念や活動の指針についてよくわかっていなかった、というかあまり興味がなかったように思います。それはいまも変わらない。

樋田　でも、当時は「革命的暴力は正しい」という組織の理念のもとに、さんざん暴力を振るっていたわけですよね。

大岩　でも、それは他の党派も同じでしょう。新左翼系のどの組織もみんな暴力的でしたよね。

樋田　非暴力でやろうとする新左翼系の組織も、ごく少数ですが、ありました。

大岩　とはいえ、日本共産党もまさにそこで分裂しているわけで、「暴力」は非常に大きな躓きの石になっている。
樋田　それはそうですね。
大岩　非暴力でやろうとしても、結局、政党というのは自らの正しさを主張するために理論武装するわけですから、僕はそこに危うさを感じていて、政党に属する気持ちにはなれない。
樋田　でも、あの頃は革マル派という政治党派に所属していたわけですよね。
大岩　当時も自分が政党に属しているという意識はありませんでした。暴力についても、最初は、同級生に「よその高校のやつらが攻めてくる」と言われたら、仲間たちと助っ人に行って、校門で返り討ちにするといったようなことをしていました。
　縁あって自分が何かのグループに入ったら、その仲間を守るために行動すると。僕の行動原理は基本的に任侠のそれなんです。一番影響を受けていたのは、マルクスやレーニンの本ではなくてヤクザ映画でしたから。負けるとわかってみんなが怖がっても一人で闘いに行くという美意識がヤクザ映画にはあるでしょう。いま振り返ってみれば、かなり幼稚なガキの美学ですけど。
樋田　その美学が大学に入ってからも貫かれていたということですね。僕たちは川口君の事件後、革マル派の自治会を糾弾してリコール（罷免）しましたが、それに対する革マル派の暴力は凄まじいものでした。私も何度も襲われたし、仲間たちが何人も傷つけられ、登校できなくなる学生も大勢いました。

大岩さんにとっては美学に基づく行動だったのかもしれませんが、革マル派は組織として学生たちの学ぶ自由や政治的な発言の自由を暴力で抑えつけてきました。

大岩さんはどの組織でもやっているとおっしゃいますが、革マル派は独善性の度合いが高いから、そこまでやったのではないかと僕には思えるんです。確かに、国家だって、どの党派だって、自己の暴力を正当化し、組織を守るために手段を選ばないという理屈も成り立ちます。でも、そこにはおのずと目指すものと、そのための手段がどうあるべきかという自制がある程度は働いている。革マル派はその自制が働いていなかったのではないでしょうか。それについてはどう思われますか。

大岩　……。樋田さん、僕が何かを正当化しようとしているのではないのはわかってもらえますよね。

樋田　それはわかります。

大岩　僕は自分自身がどうだったのかを聞かれたので、それに答えようとしているわけです。樋田さんの学生時代の経験は、ある意味で貴《とうと》いとは思いますし、だから革マル派が特別に酷《ひど》かったと思いたいのかもしれませんが、僕はそんなことはないと思います。例えば、赤軍派の事件でも多くの犠牲者が出ているわけですよね。

樋田　そうですね、それは認めます。もちろん僕も革マル派だけを批判しているのではないんです。それは誤解です。

では、少し視点を変えますが、川口君の事件が起きた一年後に、革マル派系の自治会の委員長だった田中敏夫さんが自己批判して、組織を離れていますよね。事件当時、田中さんも東大の駒場の集会に出ていて不在だったそうです。現場にはいなかったけれど、組織のリーダーとしての責任を感じて、一年後ではありましたが、組織から離れた。その際に綴った自己批判書では、どの組織にもあったことと逃げないで、自身がいた組織のあり方を批判しています。川口君の母親に対しても、自分の母親の姿と重ね合わせて、謝罪している。

大岩　それがさっきの話とどう関係するんですか。

樋田　つまり、どの組織でも起こり得る事件ではあったけれど、当事者として……。

大岩　いや、僕はそういう話はしていませんよ。樋田さんの質問に対して、あの組織に特別なものがあったのかどうか、それは僕にはわからない、と答えただけで。他の組織の内情《はら》は知りませんが、僕の経験からすれば、他のどの組織もが抱えていたであろう問題を孕んでいたのではないか、と言ったまでです。

樋田　それはわかりました。その上で、事件を起こした組織のあり方に問題を感じて、リーダーとして責任を取った田中さんの行動をどう思われたのか。それをお聞きしたたかったのです。

大岩　当時は彼が責任を取ったとは考えられませんでしたね。個人的によく知っていたわけではありませんが、転向したと知って、「だらしないな」と思いました。逃げちゃいけない、と僕は思っていた。そして、彼がいなくなったせいで、副委員長だった僕が委員長代行という立場で前面に出ざるを得なくなってしまった。

樋田　そうでしたね。事件後しばらくして、田中委員長の姿をキャンパスで見かけることがなくなりました。

大岩　だから、そこで自分が逃げたら組織がガラガラと崩れるような気がして、その後もしばらくは踏ん張っていたんでしょうね。

樋田　周囲の仲間たちも同じ思いだったのですか。

大岩　それはわかりません。そういう話を誰かとした記憶はありませんが、表面的には「転向なんてあり得ない」と批判していたんじゃないかな。おそらくみんな動揺していたでしょうし、後になってみれば、何らかの違和感を心の中に抱えていたのだろうとも思います。

樋田　田中さんが自己批判したのとほぼ同時期に、川口君の事件については、実行犯の一人だったSさんが獄中で自己批判して全面的に供述することによって、犯人たちの起訴に至りました。この二人に対して大岩さんは、権力に仲間を売ったという怒りがあった、と前回の真鶴での取材ではおっしゃっていました。

大岩　仲間を売った、とは言っていないはずですが。ただ、裏切ったとは感じていました。彼らは、逃げたのだと。自分たちの仲間を裏切ることは僕にはできない、とその時は思っていました。だから、その後逮捕された時にも、たとえ拷問されたとしても黙秘を貫こうと思っていましたし、逮捕されることを怖れてもいなかった。

ところが、しばらくして僕もまた組織から離れることになりました。逃げてはいけないと思っていたその自分が逃げることになった。でもそれは、この事件への反省が引き金になったからということでもないんです。逃げた理由が論理的につながっているわけではなくて。それは深層心理の問題なので自分でもよく分析できないのですが、僕のなかにあった違和感が積み重なっていったということはあり得ます。

中核派に襲われた恐怖

樋田　前回の取材では、組織から離れることを組織の上司に電話で伝えたのが一九七五年の一月か二月だったとのことでしたが、その少し前の七四年一二月、大岩さんは中核派から襲われた際に逮捕されていますよね。その時のことを伺ってもいいですか。

大岩　はい。そうか、川口君の事件後、僕は二年余りも組織にいたんですね。そんなにいたとは思っていなかった。

樋田　毎日新聞によると、七四年一二月一六日に都内の三か所で内ゲバがあって一〇人が重軽傷を負っています。襲撃先のマンションの電話線を事前に切断するなど、かなり周到に準備された犯行だったようですね。翌日の新聞では、革マル派幹部が集中的に中核派の襲撃を受けて応酬したとあり、重軽傷を負って検挙された五人の革マル派のなかに、全学連の副委員長などと並んで大岩さんも実名で報じられていました。

大岩　そうなんです。中核派に襲撃されたんですよ。

樋田　新聞には革マル派幹部とありますが。

大岩　幹部というか、学生の指導的な立場にいた人たちで、あの中では僕が一番下っ端だったはずです。

樋田　学生組織の幹部がマンションの一室に集まっていて、そこを襲われたわけですね。その時の状況は覚えていますか。

大岩　襲撃されたのは夜中、明け方に近かったはずです。突然、窓が割られて、男たちが乱入してきたんです。マンションの六階くらいでしたが、屋上から縄梯子《なわばしご》を使ったようで、忍者みたいですよね。もう完全にプロの仕業ですよ。

樋田　斧やピッケルで窓を割って入って、鉄パイプや木刀で頭や顔をメッタ打ちにしたと新聞には書かれています。

大岩　とにかくすごく怖かった。だから、必死に戦ったんだろうな。侵入してくるのを食い止めようとして、家具で窓をふさごうとしていたのをいま思い出した。
樋田　鉄パイプも常備してあったんですか。
大岩　よく覚えていませんが、そこらへんにあるもので必死に応戦しました。あまりにも恐ろしかったので、その後は襲われた時のことを考えないようにしていました。でも、夢にまで出てきたりするんですよね。
樋田　重傷者も出ていたようですが、大岩さんは大丈夫だったのですか。
大岩　何らかの怪我はしていたはずですが、入院するほどではありませんでした。
樋田　襲撃された現場で検挙された後、凶器準備集合、暴力行為などの容疑で逮捕されていますよね。
大岩　襲われた側なのになぜか逮捕されたんです。それで収監されることになったわけですが、意外にもここでの体験が楽しかった。
樋田　留置場での生活がですか？
大岩　僕は留置場に二回入っていますが、房内には人間的に魅力のある人が多いんです。ヤクザ、詐欺師、窃盗常習犯……。彼らには不思議な存在感があって、ある意味では豊かな経験をしてきている。普通に生活していたら絶対に聞くことのできない話が刺激的で面白くて。

僕が入っていったら、その房を仕切っているヤクザが「学生さん」と呼んで僕に親切にしてくれて、「俺たちは自分の利益のためだけど、この学生さんは社会のために法を犯してここに入ることになったんだぞ」なんて紹介してくれるわけです。気恥ずかしいながらも、敬意をもって僕に接してくれるのが嬉しかったですね。房内でヤクザが読んでいた『宮本武蔵』を貸してもらったら、これがマルクスやレーニンの本なんかより全然面白かった。

留置中、いつの間にか「もっとおいしいコーヒーが飲みたい」とか、「いい音楽が聴きたい」といったこれまでの学生運動とは無縁の欲求が生じるようにもなっていました。解放感があって、ずっとワクワクしていたのを覚えています。自分の実相を突きつけられたわけです。留置場での体験は、その後の人生に少なからぬ影響を与えてくれたと思います。

樋田　革マル派はもういいやと。

大岩　いや、そこまではっきり思ったわけではないですが。

樋田　結局、このときは起訴されなかったんですよね。

大岩　はい。クリスマスも留置場で過ごして、正月明けに釈放されました。

樋田　釈放後に組織の上司にあたる人に、電話で組織を離れることを伝えたと、前回の取材でおっしゃっていました。逮捕される前か後に、内ゲバに備えてバリケードを築いた早稲田の第一学生会館の拠点に母親が食べ物やお金を差し入れに来てくれて、その時に「家族の情愛みたいなもの」を感じ、「本来の自分はこっちにある」「僕には帰るところがある」との思いになったともおっしゃっていた。また、七四年一〇月に、心酔していたボクサーのモハメド・アリとジョージ・フォアマンのタイトル戦がキンシャサであった日のことも覚えていると。

大岩　キンシャサのタイトルマッチの日はバリケードから出て、一般の学生と一緒にテレビ中継を見て、アリの勝利にみんなで歓喜したのをよく覚えているんです。その時に、初めて普通の学生になれたなという感じがしたんですよ。

樋田　そういった気持ちは、組織から抜けることにつながっていくんですか。

大岩　直接つながってはいませんが、なぜかはっきりと覚えている。

母親はよく差し入れをしてくれていましたが、ある日、一度だけ父親が一人で訪ねてきたことがあるんです。こんなところに来るような人じゃないと思っていましたから驚きました。厳重に組まれたバリケードの中に入るのはかなり大変なのに、父親はトンネルを抜けるようにくぐって中に入ってきてくれたわけです。その姿を見て、これまでの父親への複雑なわだかまりが解けて、「もうこれでいいや」と素直にホッとしていた。

樋田　その思いは、組織を抜けることにつながっているんですか。

大岩　それもつなげようと思ったらつながるかもしれないですけど、よくわからないです。そんなふうに論理的につながっているわけではないので。小説家ならそういう物語に仕立てるのかもしれませんが。

理屈で説明したら嘘になる

樋田　僕が知りたいのは、組織を抜けることになった理由と経緯なんです。

大岩　樋田さん、因果関係を論理的に考えて「こういう結論が出た」という、そんなわかりやすいことじゃないんです。

これはその後の僕の思想というか、生き方にもつながっているのですが、人間ってそんなにいつも筋道を立てて考えて、その通りに生きているわけでもないでしょう。だから僕は、残念ながら、そういう因果関係をうまく説明できないんですよ。

樋田　ある意味では行き当たりばったりに、「これはもうやってられないな」と感じて、「やめよう」となった。今から振り返るとそういうことでしょうか。

大岩　理屈で説明したら、それは嘘になると思うんです。だから、なるべくそういうことは避けて考えようとしているんですけど。まあ、行き当たりばったりと言われればそうかもしれませんね。いろんなことが僕の中で蓄積していて、わりと突然、何かをきっかけにそういうふうに思ったんでしょうね。その何かというのはよくわかりませんが、その時に、気持ちがとてもクリアだったんですよ。全然悩むことがなかった。もう、これしかあり得ないという感じで、すごくスッキリしました。

樋田　それは組織の上司に電話した時にですか？

大岩　そうです。さすがにこのまま何も告げずにいなくなるのはまずいと思ったので、とにかく電話しようと。それで、「僕はもう帰らない」と。そうしたら、「お前は逃げるのか」と問い詰められたんですよ。「そうだ、逃げるんだ。あなたも逃げた方がいい」と答えたのを覚えています。

樋田　その一年ほど前に田中さんとSさんが転向した際には、大岩さんは「だらしないな」「逃げちゃいけない」と感じていたわけですが、自分が逃げる立場になって彼らへの思いは変わりましたか。

大岩　その時は彼らのことは考えていませんでしたね。ただ、彼らが転向した後に、僕の知り合いが内ゲバで何人か殺されていましたし、突然、組織を離れていく幹部も見てきました。だから、彼らが転向した直後に感じたような否定的な思いは、もう僕の中にはなかったですね。組織を去るのを止める理由がもう自分のなかに見つからなかった。

鶴見俊輔さんとの出会い

樋田　組織から離れて、早稲田を中退してからはどうされていたのですか。

大岩　いろんなところをフラフラして、働かなくちゃいけないと思って職を探したりもしたんですが、最終的に縁があって京都に行きました。寮があったのでまずキャバレーに勤めて、ジャズバーのバーテンダーなんかもしていました。とにかく暇さえあれば、本を読んだり、レコードを聴いたりしていましたね。

京都では外国人の友だちができて、海外の文化に触れる機会も多かったんです。海外に行きたいと強く思うようになり、しまいに、子どもの頃から興味を持っていたアメリカに渡ることになりました。子どもの頃から、黒人音楽やアメリカの先住民族に惹かれていたこともあります。結局、向こうで大学に入り直し、アメリカ、カナダのいくつかの大学で学ぶことになりました。

樋田　前回、カナダの大学で哲学者の鶴見俊輔さんの授業を受けたことが大きな転機になったとおっしゃっていました。

大岩　アメリカの大学に二年通った後に転学したモントリオールのマギル大学で、ちょうど鶴見さんが授業をされていたんです。僕にはべ平連で活躍していたおじさんだというくらいの認識しかなくて、冷やかし半分で聴講してみたら、すごく小さな教室に学生が数人しかいないゼミのような授業で、とても途中で抜けられる雰囲気ではなかった。

樋田　それが奇《く》しくも「転向」をテーマとした授業だったんですよね。

大岩　そうなんです。でも、黒板に「Redirection」と書かれていて、最初は何がテーマなのかよくわかりませんでした。

樋田　日本語に訳せば、「方向転換」ですね。

大岩　はい。ところが、聴いているうちに、「そうか、これは転向論だ」とわかってきた。英語で「転向」といえば、それは宗教的な改宗のことで、「Conversion」を使うんですね。だから、なんでこんな言葉を使っているんだろうと。それで興味がグッと湧いて、鶴見さんの話にのめり込んでいくことになりました。

樋田　なぜ、鶴見さんは「Redirection」という言葉を使われていたのですか。

大岩　「Conversion」というのは、宗教の世界などの非常に密閉された特殊な世界で起こる現象ですが、あえて「Redirection」と表現することによって、全世界のあらゆる時代と人に起こり得る現象にまで転向という概念を広げようとする意図があったんだと思います。

その背景には、鶴見さんが日本に広めたアメリカのプラグマティズムという考え方があるのですが、僕たちはみんな一生の間に何度も転向しながら生きているわけです。これは日々刻々と言ってもいいぐらい。そして、僕たちは筋書き通りの辻褄の合う生き方をしているわけではない。

僕はその時に、鶴見さんの話に魅了されて、なんかスーッとしたという感覚があったんですね。ホッとしたというか。それからは、週一回の鶴見さんの授業が待ち遠しくて、オフィスアワーという教員室での面会時間にも通い詰めるようになりました。

樋田　鶴見さんの授業を受けて、「転向」への捉え方が大岩さんのなかで変わっていったんですね。

大岩　転向というのはすごく重いものですよね。転ぶ、というくらいですから。僕は江戸時代のキリシタンの棄教なんかをつい連想してしまう。戦時中にも多くの知識人が転向しているでしょう。たいていは左から右への転向でしたが、戦後にまた復帰したとしても、一度転んだという事実は自分の人生で大きな傷になるわけです。

僕は自分の転向についてそこまで深く考えてはいませんでしたが、それでもどこかである種のトラウマを抱えていたのだと思います。その中の一つは川口君の事件だったかもしれません。直接、あの事件に関わってはいませんでしたが、僕はどこかで罪の意識を抱えていたのではないかと思うんです。ただ、それをなるべく意識しないようにして、そこから逃げていたわけですね。忘れることはできないけれど、ちゃんと向き合っていない。そんな時に、鶴見さんの言葉に出会って、違う筋道での生き方があるかもしれないと思うことができたんです。

樋田　ご自分の過去の体験と鶴見さんの言葉をどう重ね合わせたのかを聞かせていただけますか。

大岩　僕はプラグマティズムに惹かれていたのですが、それはすごく簡単に言えば、何事にも絶対的な正しさというものはないという考え方です。正しい人間が間違って悪いことをするのではなくて、むしろ僕たちの人生そのものは間違い得るものであり、人間というのはそういう存在なのだと。僕は学生運動での体験をそこに重ね合わせようとしたわけではなくて、今まで僕が無意識に避けていた、考えないようにしていたことを、考える筋道があるとそこから学んだんです。だからこそ僕はスッキリしたと思うんですよ。

樋田　それはご自分の過去を振り返ることも含めて、スッキリしたということでしょうか。

大岩　そうです。怖れている必要はないと。過去の経験に向き合って考えていくことで、そこから得られるものはあるという確信が持てたんです。

樋田　鶴見さんの考え方に則《のっと》れば、過去と向き合うこともできると思ったのですね。

大岩　過去と向き合うといっても、それは過去について何らかの結論を出すということではなくて、今をどう生きるのかということなんです。過去にあった事実を無かったことにするのではなくて、それを糧《かて》にしながら生きていくこともできるということです。過去を済ませることができた、というようなスッキリの仕方ではありません。

一番大切なことは正しさではないという話をするなかで、鶴見さんがよく使ったのが「Decency」という言葉です。「品位」「礼儀」「見苦しくないこと」といった、要は人間としての「まともさ」を表す言葉で、基本的に人間というのは善きものであるという思想がその言葉には込められている。鶴見さんなりの性善説があって、それは弱さを切り離した強さとか、悪さを切り離した正しさではないんです。これは、その後、長いお付き合いをさせていただく中で学ばせていただいたことですが、鶴見さんに出会えたことは僕の人生の大きな節目だったと思います。

責任を取ることはできない

大岩　僕が海外に渡ったのを、身を隠すために日本から逃げた、と思われる人もいるかもしれません。でも、そうではないんです。日本にいても自分の将来が見えなかったので、どうせなら興味の持てることを海外で学んで究めようと思ったからなんです。なかには、「なぜお前は世俗的な世界でのうのうと生きてられるんだ」とか、極端な場合は、「出家して、お坊さんになれ」なんて思う人もいるはずです。要は、反省したことをその後の自分の生き方、身の処し方で示すべきだ、と。

樋田　川口君の事件の実行犯の一人だったSさんは刑期を終えると真っ先に川口君のお母さんに会いに行って謝罪して、その時に、自分はもう人生の表舞台には出ない、と決めたそうです。僕はSさんに会って取材することはできましたが、そのインタビューを活字にする承諾を得ることはできませんでした。

大岩　その考え方自体はわかります。そういう美学があってもいいんじゃないですか。それぞれの生き方があるわけだから。ただ、それで責任を取ったことになるかといえば、僕は責任なんてそもそも取りようのないものだと思っているんです。責任というのも人間が作った一つの理屈じゃないですか。

樋田　確かに理屈かもしれませんが、過去があって現在があるわけですよね。人はそのつながりの中で生きているのだから、個々の出来事は断絶していませんよね。

大岩　そうですね。でも、生きてきた時間の中で起きる出来事を、因果関係に依《よ》って読み解くことはある程度はできるでしょうが、やはりそこには必ず真実ではないものが忍び込んできます。真実というのは決して頭で考えたことではないわけですから。いくら因果関係を説明できたとしてもそれは後付けであって。

樋田　それが全てではないということですか。

大岩　様々な要素が絡み合って、自分の今を決めている。それを偶然と言う人もいるし、縁と言う人もいますが、無限の関係性の絡み合いの中で物事は起こるわけです。自分がしたことなら全てわかると思うのは幻想だと思います。だから、僕はわかっているふうな説明をすることができないんです。

樋田　前回の取材で、私の知る限りでは初めて大岩さんは革マル派を批判していました。そのことを明記していいか尋ねると、「あの組織の薄っぺらさを批判するということは、その組織にいた自分自身の薄っぺらさを批判していることでもあるので構わない」とおっしゃっていました。

大岩　一般的に批判といえば、革マル派の成り立ちや政治理論、活動内容などをしっかりと研究して論評するものなのでしょうが、先ほどから話しているように、僕はその辺りのことについてはよくわからないんです。確かに縁があって入った組織ですが、それは僕にとって必然ではなかったし、そのイデオロギーに惹かれたというわけでもありませんでしたから。

ただ、僕が言えるのは、縁あって関わることになった学生運動に、他の人に比べればかなり深く入り込んでいたということです。当時の経験を振り返って、そこに非人間的な愚かしさを感じたんです。だから、そこに身を置いていた自身を、僕は何よりも超えていかなくてはならない。それこそが僕にとっての自己批判なのです。それをどうやって可能にするかといえば、自分が身を置いた組織での違和感を手掛かりにして自分を超えていくことしかできないわけです。

樋田　いずれにしても、暴力性をも含めた非人間的なものを乗り越えていかなければいけないと考えていらっしゃるのですね。

大岩　そうです。もちろん、他にも違和感はいろいろありましたよ。例えば、組織の男たちの女性に対する関わり方だとか。それは僕にとっては耐えがたい古い偏見を引きずったものでした。

樋田　具体的にはどんなことですか。

大岩　女性はこうあるべきだというステレオタイプを押しつけて、いろんな雑用をやらせたりするわけですよね。

樋田　人格を尊重せずに自分たちに都合よく接していたのですね。

人にはそれぞれの物語がある

樋田　これまでお話を伺って、理解できたところもありましたが、大岩さんが最初におっしゃったように僕たちの出発点が違うので、革マル派という組織が行使していた暴力についても捉え方が違うとも感じました。川口君の事件が起きたことについてもまだ……。

大岩　謝罪するべきだと？

樋田　謝罪とは言わないけれど、なぜあの事件が起きて、川口君が死に至らしめられなくてはならなかったのか。あるいはあの事件の重みというのか、その辺りについて、当時、組織の幹部であった大岩さんからもっとしっかりと語ってほしかったという思いが残っています。

組織を離れた後、大岩さんは海外で鶴見さんに出会って多くのことを学び、様々な経験を経て、現在はスローライフを提唱する社会思想家として活動なさっています。今日、お話を伺って、学生運動での経験は何らかの形で、大岩さんが現在に至るための糧になっていたのだということはわかりました。

大岩　きっと樋田さんは物足りなさを感じているのだと思いますが、その溝を埋めることとは僕にはできません。話を戻しますが、僕は責任を取ることができないと思っているからです。

責任というのは英訳するとResponsibilityですが、ResponseとAbility、つまり、応答能力のことです。過去に僕は様々な経験をしてきましたが、その一つが学生運動であり、川口君の事件です。ただ、自分の関わったそういう事態の一つ一つについては、ある意味、もう取り返しがつかないんです。でも、僕に責任がないということにならない。まず、なかったことにはしない。そして、何らかの形で応答していくことを諦めてはいけないと思います。どう応えることができるのかという問いと向き合っていなければならない。人間が生きていくというのはそういうことだと思っています。

不完全ながらも、自分なりに過去や現在と応答しながら生きていく以外に僕にはできないんです。それが、樋田さんが感じている物足りなさの原因なのかもしれませんが。

樋田　そうですね。僕は大岩さんの生き方を否定するつもりはありません。ただ、例えば、『弱さの思想』の共著者である作家の高橋源一郎さんは自分が関わってきた学生運動について、自分はこんな矛盾を抱えて、そこから出発しているということを、デビュー作『さようなら、ギャングたち』のモチーフに選び、小説として昇華させていったわけですよね。そういう原点のようなものを、単なる通過点としてではなく、後世に伝えるべきこととして、現在の大岩さんにも書いてほしいという思いが僕にはあります。

大岩　平たく言えば、「いろいろ立派なことを言いながら、当時のあれはどうなのよ」という欠落感が、当事者である樋田さんにはおありになるのだろうとは思います。でも、人にはみんなそれぞれの物語があって、高橋さんには高橋さんの物語の書き方があるし、僕には僕の物語の書き方があるわけです。テレビのニュースでは不祥事を起こした企業の社長が深々と頭を下げる映像がよく流されますが、謝罪というのはそういう一種の茶番にならざるを得ないのではないでしょうか。

樋田　とはいえ、当時、大岩さんたちの暴力に怯えていた一般の学生が、私も含めて多くいたわけですよね。大岩さんは中核派に襲撃を受けたときのことを、恐ろしくて夢にまで見たとおっしゃっていましたが、僕にもその気持ちはよくわかります。それは革マル派に襲われて鉄パイプでメッタ打ちにされたときのことをこれまでに何度も夢に見て、恐怖の記憶がいまでも心の傷になっているからです。

大岩　そのことについては、僕が直接やっていなかったにしても、僕自身の行動が何らかの形で関係していたわけですから、ここで樋田さんにお詫びします。許してください。樋田さんの原点が早稲田での学生運動にあることもよくわかりました。ただ、その重みを想像して思いを馳せることはできますが、では僕に何ができるのか、その重みに見合う何が今の自分にあるのかと問われれば、これだというふうに言うことはできないんです。

不寛容を押し返す力

樋田　大岩さんはご自身の経験も踏まえて、人間の「弱さ」をテーマにした『弱虫でいいんだよ』という本を若い読者に向けて上梓なさっていますよね。ここでお書きになられている、「弱さ」は実は強さなのかもしれないといった逆転の発想は、僕が学生時代から考えていたことでもあって共感できるものでした。

大岩　そこに達するのに、僕はこれだけの時間が、半世紀近い時間がかかったということなんです。若い頃にはいつ死んでもいいと思っていましたが、ここまで生きてきてよかったと今では思えます。「なんでこんなことが最初からわからないんだよ」と言われれば、その通りなんですが。

樋田　いえ、そうは思っていません。ただ、いろんな経験をされた今だからこそ、当事者の視点で学生運動とは何だったのかを、未来に向けて語っていただきたいんです。川口君の事件が大きなきっかけとなって、政治セクト間の内ゲバがさらに激化して多くの学生が殺されたわけですよね。

大岩　とにかく凄まじい暴力でした。どうして普通の人たちがこんな残忍なことができるのだろうという。それは中核派の襲撃にあった時にも感じていたことですが。

樋田　それで結果的には、あまりにも凄まじい暴力の行使に、これはもう駄目だ、ついていけないと思うに至ったと。

大岩　ただ、何度も言いますが、論理的に考えてそこに至ったというわけではないんです。むしろ恐怖や哀れみ、悲しさといった非常に感情的な動機だったのだと思います。

樋田　自分がまさに殺し殺される組織の一員であることに矛盾や理不尽さを感じるよりも、むしろ恐怖とか悲しみといった情緒的なものが優先していたということですか。

大岩　どっちを優先したとは言えませんが……。繰り返しになりますが、理屈で説明することは嘘とは言わないまでも後付けになるし、正直に言えば、僕はまず情緒ありきなんです。大体人間というのはそういうものじゃないでしょうか。特に僕はそういう傾向が強いのかもしれませんが。

樋田　理屈っぽいと思われるかもしれませんが、そこを情緒だと片付けられてしまうと、僕はどうしても納得ができないんです。革マル派に限りませんが、それぞれの政治思想や理念を実現するための手段として暴力を正当化することは間違いです。

大岩　振り返って思えば、僕は子どもの時は暴力を美化していたわけです。でも、暴力というのは本当に、非常に醜いものです。そして実は、人間の弱さがあれほどはっきりと表れる場面はありません。過酷な戦場から戻った兵士に、PTSD(心的外傷後ストレス障害)などを患う人たちが多いですよね。学生運動でも、暴力的な修羅場をくぐってきた人たちのなかには、何らかのトラウマに苦しむ人が多いと思います。それは、やった側もやられた側も。

樋田　大岩さんが、そういう受け止め方をされていることがわかり、僕は少しほっとしました。元兵士たちの武勇伝と同様に、学生運動の経験者から「(敵対セクトとの)内ゲバでこんなに活躍した」といった話を聞き、うんざりとさせられることが珍しくありません。

大岩　でも、戦争映画ってみんなそうですよね。そういう美化した物語ですよね。

樋田　たぶん元革マル派の活動家の中にもそういう人はいるでしょう。

大岩　でも、学生運動に関わった人のほとんどが逃げているんですよ。それを後にどう正当化したり美化したりしようとも、実際は恐怖に駆られて逃げているんです。

樋田　それなのに、「俺はこんなに勇敢に闘った」と自慢話にしてしまう。

大岩　だから、それは戦争映画の手法と一緒なんです。でも実は、それが今の世界の主要な物語になっているんじゃないですか。国家だって、考えようによっては限りない暴力ですよ。日本ではいまだに死刑制度が存続し、国民から支持されているじゃないですか。日本に限らず、〝正しい暴力〟が世界各地で跋扈している。様々な社会問題が世の中にあるけれども、〝正しい暴力〟という考え方が常にその根源にはあるような気がします。

樋田　そうですね。その根源的な問題を、革マル派という組織も抱えていた。

大岩　もちろんですよ。この問題は世界の大多数の人が抱えているわけですから。そういう物語の中に僕たちは生きているんじゃないでしょうか。認めたくありませんが、人間の本質というのは残酷で、暴力的で、そして利己的で、競争的でというのが、いまだに世界の一番人気のある哲学なんですよ。

樋田　それは、まさに不寛容そのものですね。不寛容に対して、寛容な精神で立ち向かうというのは、人の心の善性を信じて、つまり性善説に立って、どんな理由があろうとも、暴力は容認しないという生き方で社会に対処するということだと僕は思います。
大岩　そうはいっても、その場だけ見れば、寛容は不寛容にかなわないわけですよね。絶対的に劣勢です。しかも、残念なことに、ここ数十年、世の中はどんどん不寛容の方向に向かっています。でも、それを押し返す力が本来、人間には備わっているはずです。僕は人間の本質は寛容だと思っているんです。人類は寛容の方向に進化してきたというのが僕なりの結論です。僕は残された人生で、自分なりの性善説を広めて社会の役に立てればなと思っています。
樋田　そうですね。その点では、意見が一致しましたね。

対談の後、大岩さんから「こうした（対談の）機会を与えられ、何よりも僕自身が助けられたということがよくわかりました。深く感謝します」と綴られたメールが届いた。私も、彼の協力に感謝していると返信した。

大岩さんは今回、かなり正直に、かつ正確に当時の心境などを語ってくれたと思う。川口君の事件や革マル派という組織への評価などをめぐって、議論が平行線をたどる場面も多かったが、私の主張は対談の中で述べたことに尽きる。

私はかつて、川口君を虐殺した革マル派に対し、寛容な心で接することなどそもそも可能なのかと思いあぐね、すぐには説得できなくとも、いつか心を通わせ、互いを認め合う日が来ることを信じようと自分に言い聞かせてきた。大岩さんとの対談で、その願いが半世紀を経てやっと叶ったように感じた。

立ち竦む君に

大岩さんに指摘されるまでもなく、寛容・非暴力は不寛容・暴力に対して、その場だけを見れば無力である。

実際、現在の世界情勢を見渡せば、自由を求める香港の若者たちが、革マル派とは比較にならないほど強大な中国政府のコントロール下にある香港政庁と闘い、沈黙を強いられている。黄之鋒さん、周庭さんら、一五歳の頃から自由のために闘い続けてきた、まだ二〇代半ばの民主活動家たちが、国家安全維持法という理不尽な法令を制定した政府によって次々と逮捕されていった。ミャンマーでもクーデターを起こした軍事政権に抗う多くの市民たちが、軍の無差別発砲によって犠牲になり、民主化への闘いは後退を余儀なくされている。香港政庁もミャンマー軍も、民衆を「恐怖」によって統治できると考えているようだ。

だが、香港でもミャンマーでも、若者たちを中心に市民の抵抗運動は水面下で続いており、各国政府が外交ルートで人権侵害を問題視する見解を表明するだけでなく、「自由な社会」の価値を認める世界中の人々が応援し、民主化運動弾圧への批判が内外に広がっている。

私が中学三年生だった一九六八年には、チェコスロバキアで自由を求める市民の声がソ連の戦車の前で無惨に蹂躙《じゅうりん》された。しかし、チェコスロバキアを含む東欧の自由化は市民たちの地道な闘いの末、八九年のベルリンの壁崩壊を機に実現された。彼らは、どんな不条理な現実にも、決して諦めることはなかった。香港やミャンマーの現状を打開する道も、市民たちの「寛容な心」が結実することで必ず拓《ひら》けていく。私は、そう信じたい。

「寛容な心」は、社会の不正や理不尽さを受け入れることではないし、相手の気持ちを推し量って「忖度《そんたく》」することでもない。社会にはびこる「不寛容」を鋭く見抜き、「寛容であれ」と粘り強く働きかける心の持ち方である。イソップ童話に出てくる、旅人の衣服を剝ぎ取る「北風」ではなく、人間の善性を信じる「暖かい太陽」のような心だと私は思う。

早稲田の文学部キャンパスが革マル派の襲撃に晒され、連日のように負傷者が出ていた一九七三年六月。私たちは、闘いへの思いを込めたチラシを文学部の各教室で密かに配布した。「痩せた馬」というペンネームで書かれていたが、筆者は岩間輝生さんである。セルバンテスの小説『ドン・キホーテ』の主人公が乗る馬の名「ロシナンテ」の日本語訳「瘦せた馬」から取った名前だった。岩間さんは当時、私をドン・キホーテ、山田誠さんをその同伴者のサンチョ・パンサに模し、自分たちを「見果てぬ夢」を追って風車に立ち向かう「三人組」に見立てていた。振り返れば、風車、つまり革マル派にとって、「寛容な心」で立ち向かおうとした私たちは、理解不能の存在だったに違いない。

チラシのタイトルは「立ち竦む君に」。当時、私たちが何度も読み返していた、このチラシの全文を以下に記す。

「いま何をしたらよいのか、そして、それをすることにどんな意味があるのか分からないで、暗い顔をうつむけ、何も語ることなく立ち竦む君に、僕は低い声でささやくようにして訴えたい。昨年一一月いらい、僕たちは何をやってきたのだろうか。君にも自分の声で語ってほしいから、まず僕から言ってみよう。

僕たちは生活をしていくなかで、いろんな苦しみを抱えている。その苦しみは自分だけにしか感じられないものもあれば、他の人も同じように感じているものもある。僕たちは本当に苦しんではじめて、本当に考えることを覚え、一歩ずつ考えてやがて自分なりの思想を持つようになる。どんな思想でも、それを持っている人の苦しみが賭けられてあるから、僕たちは抑圧されたり抑圧したりすることを許せないのだ。党派の暴力によって身の危険を感じないで、自由に自分の思想を語り、また語られて、共に新しい価値を作り出していくような場を、この早大の現実として作り出したいと思い、再び〈川口君の死〉を生み出さないための保障として、自治会を作り育ててきたのだ。

　機構としての自治会のワクのなかで、自己の正当性を反対者を暴力によって抹殺することで主張するのでないかぎり、どのような運動があってもよい。ひとりひとりが自分の声を出して、多くの声の交響こそ、僕たちが希《こいねが》っていた状態だ。党派的思考の特徴であるレッテルはりを僕たちが嫌ったのも、他人を具体的にその苦しみにまで降り立って理解しようとしない怠惰な姿勢であるからだ。他人を具体的に〈発見〉し、そのことで自分自身を〈発見〉していく、充実した人間関係を網の目のように張り巡らしていくことが、僕たちの進めてきた運動である。無名の大衆を、幾つもの顔立ちを持つ、種々な声を発する大衆に変えていくことが、〈大衆的自治会〉の内容だ。

　確かに僕たちは、運動のなかでずいぶんと消耗した。努力の実を結ぶことが、本当に僅かだったから、他人と共力することは、とても難しいから、そして運動に追われて、好きな勉強ができないから、もう〈自分の家〉に帰してもらいたいと思うだろう。革マルの恐怖のなかで、目をあけ口を開き続けるのには、大きな勇気がいる。ひとりの人間にそんな勇気を持たせようとすればその胸が張り裂けてしまうだろう。革マルが〈強い〉のも、僅かな人間がどれほど勇気を持っても、その勇気を潰すには頭を割ればよいことが、長年の経験で分っているからだ。

だからほんの僅かな勇気しか持たない僕は、君たちのひとりひとりの心には小さな勇気しかないだろうと仮定する。そのうえで、小さな勇気を何処までも持ち続け、その小さな勇気を具体的に結びつけていくためには、何をしたらよいのか、共に考えたいと思うのだ。」

不寛容に対して私たちはどう寛容で闘い得るのか――。

早稲田でのあの闘いから半世紀を経た今も、私は簡単には答えを出すことのできないこの永遠のテーマについて考え続けている。

エピローグ

川口君の事件後、早稲田大学は変わったのか、それとも変わらなかったのか。

第一文学部、第二文学部の教授会は事件後、革マル派の自治会を認めることはなかった。早稲田祭についても、革マル派が早稲田祭実行委員会を支配していた時期については、文学部キャンパスを早稲田祭の会場とすることを認めなかった。

一九九二年に刊行された『早稲田大学文学部百年史』（早稲田大学第一・第二文学部編）には、以下のような記述がある。

「その後旧自治会的活動に批判的であった新執行部系の活動が衰えてしまったが、川口事件によって一般学生から見放された旧自治会は、四十九年〜五十一年にもバリケードストライキを実行してはいるが、殆んど無力化してしまった。（中略）学生自治会の再建が言われて久しいが、第一・第二両文学部（教授会＝筆者）の示す『全学部学生の意志を結集するものとしての学生自治会がつくられるため』に必要とされる条件を、十分に満たすことができないために、成立しないままに今日に至っている。」

この『百年史』で、「旧自治会」は革マル派、「新執行部系」は私たちの再建自治会を指している。「革マル派との縁を切ることは、文学部教授会の歴代執行部の共通した認識となった」と第二章で語った元教授の見解は、文学部教授会の方針として踏襲されてきたのだと思う。

一方、大学本部側は、川口君の事件の後も、革マル派が主導する早稲田祭実行委員会、文化団体連合会（文化系のサークルの連合体）、さらに商学部自治会と社会科学部自治会の公認を続けた。大学を管理運営する理事会に革マル派と通じた有力メンバーがいるという噂まで流れていた。

事態が変化したのは、一九九四年に奥島孝康総長が就任してからだった。「革マル派が早稲田の自由を奪っている。事なかれ主義で続けてきた体制を変える」と就任後に表明し、翌九五年に商学部自治会の公認を取り消した。その時点まで、商学部は約六〇〇〇人の学生から毎年一人二〇〇〇円ずつの自治会費を授業料に上乗せして集め、革マル派の自治会に渡していた。つまり、年間約一二〇〇万円の自治会費代行徴収を続けていたのだが、これをやめた。社会科学部の自治会にも同様の措置を取った。

さらに、九七年には満を持して早稲田祭を中止し、早稲田祭実行委員会から革マル派を排除した。それまで、大学は早稲田祭実行委員会に対して年間一〇〇〇万円を援助し、入場券を兼ねた一冊四〇〇円の早稲田祭パンフレットを毎年五〇〇〇冊（計二〇〇万円）「教員用」としてまとめ買いしていたが、いずれも全廃。早稲田祭は二〇〇一年まで五年間にわたって中止された。その間、セクトとは無縁の学生たちが「わせだまつり」「WASEDA EXPO」などの自主的な取り組みを続け、二〇〇二年にようやく新体制による早稲田祭が再開された。文化団体連合会（文連）についても、学生会館の建て替えを機に革マル派を外した。それまで大学の公認サークルには年間三五万円を補助していたが、革マル派系の名目だけのサークルへの資金を断つとして、補助制度そのものを打ち切った。

奥島総長は、革マル派から脅迫、吊るし上げ、尾行、盗聴など様々な妨害を受けたが、これに屈することなく、所期の方針を貫いた。

川口君の虐殺事件から実に二五年の歳月を経て、早稲田大学は革マル派との腐れ縁を絶つことができた。あまりにも遅かったが、奥島総長の決断と覚悟がなければ、癒着体制は今も続いていたに違いない。

あとがき

私の人生にテーマがあるとすれば、二人の若者の「死」をめぐる問題を追いかけ、考えることだった。

一人は、一九八七年五月三日の憲法記念日の夜、朝日新聞阪神支局で勤務中に「赤報隊」の男によって射殺された、当時二九歳の小尻知博君。私は朝日新聞の記者として、犯人を追い続けた。戦前につながる日本社会の深い闇が見え隠れする事件だったが、いまだに未解決のままである。

そして、もう一人が一九七二年一一月八日、早稲田大学の校舎で、革マル派によって虐殺された、当時二〇歳の川口大三郎君。私は仲間たちとともに、革マル派の責任を追及したが、闘いは頓挫したまま、大学を卒業した。

事件の真相を突き止め、闘いの意味を世に問う本を書かなければ。そう思いつつ、いたずらに月日が過ぎ、すでに半世紀が経とうとしていた。

二〇一七年に朝日新聞社を退社後、あらためて取材を始めると、歳月は人々の記憶を薄れさせる一方で、事件当時の利害やしがらみを洗い流す役割も果たした。長い間心の奥に封印してきた真実を語ってくれる人たちにたどり着くこともできた。

当時を知らない人は、社会があれほどの暴力をなぜ放置していたのか、率直な疑問を抱かれるかもしれない。警察に取り締まりを求めれば、それで済む話だったのではないのか。そんな見方をする人もいると思う。

しかし、ことはそう簡単ではなかった。本書に書いたように、大学構内が「自治」の名のもとに守られ、治外法権に近い状態であったことを巧妙に利用し、革マル派は鉄パイプによる暴力支配を続けていたのだ。当時、警察の公安と革マル派が通じているとの噂も流れる中で、私たちの側から警察に取り締まりを求めるような状況にはなかった。

なお、早稲田での闘いは第一文学部だけでなく、全学的な運動だったが、本書では他学部の動きについてはあまり触れていない。革マルの暴力支配がもっとも過酷だった文学部のキャンパスを中心に描くことで、読者の理解を得られると考えた。早稲田の運動には、実に様々な人たちが関わっており、その立場によっては全く別の風景が見えてくるであろうことも付記しておきたい。

本書の執筆にあたっては、第一文学部の出身者を中心に五〇人を超える人たちから話を聞いた。その一人、栗原澄子さんには二〇一九年暮れに取材依頼の手紙を出した。すぐに返信があり、「樋田君。ちょっと遅かった。ガンの末期で、入院準備中なんだ」と打ち明けられた。まもなく、彼女が大切に保管し続けてきたという事件についての貴重な資料がまとめて郵送されてきた。病室からも電話で、当時の記憶や「事件への思い」を語ってくれた。本書の第四章にあるエピソードは、その一部である。途中まで書いた原稿を彼女に送ると、「もう字が読めなくなっているので、主人や娘に朗読してもらっている。ありがとう」と知らせてくれた。その連絡の後、粟原さんは二〇年三月に永眠した。

私が最も信頼していた盟友で、「寛容な心で闘う」ことを私に教えてくれた山田誠さんは、都立高校の国語教師になったが、一九九三年八月、故郷の鹿児島への帰省中にJR竜ケ水駅に停車中の列車を襲った土石流に巻き込まれ、抱きかかえていた二歳の次女とともに亡くなった。車掌の機転で全乗客が列車からは脱出できたが、駅の直下の船着き場で救助を待っている時に、土石流の直撃を受けたのだ。

四年ほど前、山田さんの兄から連絡があり、「事故当時は小学生だった二人の遺児が元気に育ち、社会人となっている。二人に、誠の大学時代の話を聞かせてやってほしい」と依頼があった。私は、革マル派と闘った時代の資料を携えて遺児に会い、「君たちのお父さんは、勇気と優しさとユーモアを兼ね備えた素晴らしい人だった」と伝えた。

かつての仲間や敵対した側の人たちが、その後、どのような人生を歩んできたのかを取材することは、これまでの自分の人生を振り返り、あらためて様々なことを考え直すきっかけにもなった。紙幅の都合もあり、そのすべてに触れることはできなかったが、いずれかの機会に書かせていただきたい。

本書の書名は、私たちの第一文学部自治会執行委員会が七三年春に作成した新入生向け小冊子の表題「彼は早稲田で死んだ」を、そのまま使わせていただくことにした。現代の若い読者にも、半世紀前の私たちの熱い思いを伝えたいという願いを込めた。書名の文字の色も、早稲田カラーの臙脂《えんじ》色を選んだ。

本書の執筆と出版を後押ししてくれたすべての関係者に深く感謝したい。また、退社後も執筆活動に専念したいという私の希望を受け止め、原稿の下読みなどで支えてくれた妻と娘たちにも感謝したい。

川口大三郎君の死を無駄にしない。それは、川口君の死を後世に語り継ぐことによって可能になると考えてきた。半世紀もかかってしまったが、私なりの責務をやっと果たせた。そう念じて筆を擱《お》く。

文庫版のためのあとがき

二〇二一年秋に本書の単行本を上梓した後、様々な反響が寄せられた。早稲田の卒業生、とりわけ私と近い世代から届いたメールやウェブ上の発信内容が、私の胸に深く響いた。

「入学時に勧誘されて入った文学研究サークルが革マル派系だった。私は、誘われるまま、革マル派の集会に何度か参加した。途中で疑問を感じて抜けられたが、一緒に入った一人が川口大三郎さん殺害に加わっていた。彼らは個人的には決して悪い人間ではないことを知っていた。それだけに衝撃は大きかった。一歩間違えれば、私も殺害者になっていたかもしれないし、殺される側になっていたかもしれない」（一九七〇年第一文学部入学の男性）

「封印していたあの頃のことを思い出した。しみじみ読みました。泣いてしまった。いつのことだったか、記念会堂の前の集会で、演説している人の言葉が理解できなくなり、苦しくなって抜け出し、地下鉄に飛び乗った。その車両内の日常風景と平和感。私は、集会の熱気とのギャップに引き裂かれ、弱虫でいい、こちら側で軟弱に生きようと思ってしまった。以後、集会やデモから遠ざかった。逃げ出してしまった私をどうぞお許し下さい」(七二年第一文学部入学の女性)

当時、キャンパス内で革マル派の暴力が復活する中で、私たちの闘いは武装の是非を巡って深刻な対立が生じ、実質的に分裂した。分裂を機に多くの仲間たちが運動から離れていった。武装を選択した後、紆余曲折を経て、非暴力に立ち戻った仲間がいる。武闘派のまま生きた者もいる。拙著の出版を祝っていただいた会で、出席者の一人から「あなたが武装に反対したから、早大闘争は敗北した。今からでも遅くないから謝ってくれ」と詰め寄られたこともある。あの運動に関わった人たちは、それぞれ異なる志や思いを抱いていた。私の本も、様々な読まれ方をしている。それでいいと私は思っている。

私は『彼は早稲田で死んだ』を執筆するため、五〇人ほどのかつての仲間たちに連絡を取った。このうち一五人について、「それぞれの生き方」としてまとめ、巻末に収録する予定だったが、編集の都合で実現できなかった。今回、文庫本として再出版する機会を得られたので、その「あとがき」の一部として、以下に紹介させていただく。運動は学部横断的な広がりを持っていたが、私の在籍した第一文学部の仲間たちが多いことを、あらかじめお断りしておく。

菊地原博さんは事件当時、第一文学部一年のT組だった。革マル派糾弾のため一年生が中心となって立ち上げたクラス討論連絡会議の主要メンバーだった。自治会再建運動が頓挫した七三年秋、政治セクトの「第四インター」に入った。「第四インター」は、ロシア革命の指導者の一人、トロッキーを信奉する新左翼のセクトだったが、内ゲバを否定し、戦闘的民主的自治会運動の再建を主張していたことに惹かれたという。学生組織のリーダーになり、七八年三月二六日の成田空港管制塔占拠事件の際、数人の学生を送り出した。全員が逮捕され、一〇年前後の懲役刑となった。彼は当時、「組織の表の顔」だったので、送り出した部隊が関わる極秘計画を知る立場になかった。だが、やはり責任を感じた。八五年ごろ、組織を抜けた。しかし、二〇〇五年に占拠事件の全当事者たちに対し、国が管制塔破壊の損害賠償金として約一億円を請求してきた。かつての仲間たちの苦境を救うため、広く声をかけてカンパを募り、全額を集めて国に納めた。今は、フリーの記者をしながら、ホームレス支援などの活動を続けている。〇一年、友人の紹介で政治学者の石田雄さんに出会い、生きる指針を得た。石田さんは丸山眞男氏の愛弟子で、戦時中の自らの軍隊経験を踏まえ、政治と文化、組織と人間の関係などをめぐり幅広く研究していた。

「私は、政府を倒す運動をしてきたけれど、人々の意識が変わらなければ、政府がひっくり返っても、社会は変わらない、と石田さんは指摘した。目からウロコの思いだった。革命を目指す組織にも、丸山眞男氏や石田さんのキー概念の『抑圧の移譲』の構造があり、上から下へ抑圧の連鎖が起きていた。組織には女性差別もあった。暴力の問題についても、曖昧なまま来たが、今は石田さんが唱えた下からの民主主義の強さ、徹底した非暴力の強さを認識すべきだったと思っている」

菊地原さんと同じクラスだった香川博司さんは、入学時の自己紹介文で「愛読書はむのたけじの『たいまつ十六年』です」と書いていた。革マル派糾弾の運動では、菊地原さんとともにクラスを率いた。当時から草の根運動の大切さを強く意識していた。武装問題にも最後まで悩み続けた。運動が敗北した後、一年間休学してアフリカ・タンザニアでニエレレ大統領が進めていた新しい村づくり事業のワーキングキャンプに参加した。その帰途、バングラデシュに立ち寄り、後述の大橋正明さんたちが取り組んでいた国際支援ボランティア団体「ヘルプ・バングラデシュ・コミティ（のちのシャプラニール）」の農村支援活動を手伝った。いったん帰国したが、七七年七月から七八年四月まで再びバングラデシュに滞在し、現地事務所が何者かに襲われた後の困難な時期を支えた。その後、帰国して八年間在籍した早稲田を卒業した。広島の福山市でキリスト教系団体Y

MCAの職員になったが、二〇一二年に亡くなった。香川さんは、生前に自分で作った『Peace on the Earth』とだけ彫られた墓に、家族とともに眠っている。

「正義感を抱いて地道な活動に取り組む。香川は早稲田の時と同様の人生を、その後も送った」と、親友だった菊地原さんは振り返った。

岡本厚さんは第一文学部の一年K組だった。やはりクラス討論連絡会議の主要なメンバーで、川口さんの事件の翌年の一九七三年七月一三日、二連協（二年生連絡協議会）が主催した文学部中庭での〝武装〟集会が革マル派に襲われた際にも居合わせた。

「私たちの運動は、クラスの話し合いから全てが始まった。最後は、ヘルメットと角材で武装というところまで行き着いたけれど、烏合の衆に毛が生えた程度で、革マルの暴力には全く歯が立たなかった。結果的には、誰も殴らなかったし、実は殴れなかった。当時、社会全体が相当暴力的だったし、暴力を肯定する雰囲気もあった。その中で革マル派のやり方に私も憤り、憎しみも抱いたはずだが、それでも手を出すことはできなかった。今にして思えば、誰も傷つけずにすんでよかった、とつくづく思う」

岡本さんはその後、沖縄を旅行し、伊江島で阿波根昌鴻《あはごんしょうこう》さんに出会った。「阿波根さんは圧倒的な米軍に非暴力で立ち向かった人で、沖縄のガンディーとも呼ばれている。自らへの誇りとともに、相手も尊重し、説得しようとする。社会を本当に変えるのは、人の心であり、共感であり、感動だと知った」と振り返る。革マル派の検問のようなことがあって、しばらくキャンパスに入れず、他大学を転々としたり、喫茶店で友人たちと読書会をしたりしていたが、その流れで参加した国際反戦デーのデモで逮捕されたこともある。

一年遅れで卒業後、岩波書店に入り、雑誌『世界』に配属、その編集長を一六年務め、二〇一三年から二一年まで同社の社長を務めた。

吉岡由美子さんは第一文学部の一年J組で、私の級友だった。武装をめぐる論争が生じた際には、正当防衛のため武装を肯定した。一九七三年七月一三日、文学部での武装集会が革マル派に襲撃された事件の後、革マル派への恐怖から大学へ通えなくなった。心身ともに疲れ、早稲田を退学した。沖縄の波照間島で海を眺める日々を送ったが、心は回復しなかった。東京に戻った七四年夏、「踊り子募集」という「アリアドーネの會」のチラシが目に入った。そのチラシに「経験不問」と書かれているのを見て、翌日に事務所へ飛び込み、入会した。

「アリアドーネの會」は、女性だけの「前衛舞踏」集団だった。全身に白粉を塗って裸体を晒し、森羅万象の変容をテーマにした、情念に満ちたダンス。合宿生活を送りながら、レッスンを重ね、デビューした。「体を動かし、自分を表現すると、魂を揺さぶられるような喜びを感じる。滞っていた命の力が一気に解放された気分だった」という。「アリアドーネの會」は七八年にフランス・パリ公演を成功させ、ヨーロッパで「舞踏」の人気を高めた。同会は八二年に解散したが、その後も、吉岡さんはドイツ・ベルリンを拠点に世界各国と日本で「舞踏」の公演、普及の取り組みを続けている。

「革マル派の男に追いかけられ、殴られたことがある。路上に倒れた私を取り囲むように人だかりができた。その時、見知らぬ男子学生が私に『大丈夫？』と声をかけ、手を差し出してくれた。私は『はい、大丈夫』と答えて、起き上がった。名前も聞けなかった男子学生の優しさに私は救われた。革マル派との議論の際、『お前の頭には上部構造がない。下部構造だけだ』とバカにされた。上部構造は理論や知識のことを指していたと思うけど、マルクスの本は読まなくても、革マル派が酷いことをしたことは、私にはわかった。踊り始めてから、ガンディーの非暴力の思想に共鳴し、肉体だけでなく、言葉によっても、自分や他人を傷つけないように日々心がけている」

児島恭子さんは一年T組で、菊地原さんたちと同じクラスだった。親友の女性と誘い合ってデモや集会に熱心に参加した。デモの最前列で、列を整える棒を腰で支え、痛みをこらえて行進したこともあった。文学部正門前の交差点を友人たちと歩いていて、近づいてきた革マル派の男にいきなり足のあたりを蹴られたこともあった。

「私は大阪の高校に通学していた時に高校紛争を経験している。校舎がバリケード封鎖され、授業のない日が数か月続いた。大学へ行く意味を見出せず、担任の先生に相談すると、『大学は人間関係を広げるところ。行く価値がある』と助言され、早稲田に来た。だから、自然に運動に加わった。それが大学に来た意味だったからね」と振り返った。

日本史専修に進み、古代史を勉強した。蝦夷（エゾ・エミシ）の歴史に興味を持ち、アイヌの言葉と文化を学んだ。運動が終息し、何事もなかったようにみえる早稲田に、卒業後も大学院生、非常勤講師として通い、首都圏の複数の大学で「特論」的な位置づけのアイヌ史、女性史の非常勤講師をしてきた。二〇一三年に五九歳で北海道の大学に就職した。

「政府は、国策に沿ってアイヌの人たちを利用できる時だけ利用してきた経緯がある。私はそうしたサイドには立たない。研究者として誠実にアイヌの歴史と文化に向き合ってきたつもり。それが、私のささやかな矜持。早稲田であの頃を共有した友人たちは、今も私の心の支えです」

岩井一剛さんは事件当時、第一文学部の四年生だった。「三、四年行動委員会」に加わり、「自立した大衆運動の再現」を目指した。メンバーには、社会主義青年同盟解放派や叛旗派など新左翼のセクトの活動家もいたが、大半は無党派の人たち。岩井さんが入学した一九六九年の「第二次早稲田闘争」以来の仲間たちが中心だったという。当初は湯島に事務所を作り、緊密に連絡を取り合っていたが、七三年の春から夏にかけてのころ、革マル派に察知されたとして、事務所を閉じた。そのあとは連絡が途絶えがちになり、岩井さんも次第に運動から離れた。大学は休学し、アルバイトに精を出した。七五年に高卒の資格で旧国鉄に入社すると同時に、大学へも復学したが、仕事をしながらの通学は困難で、卒業は諦めた。その職場で再び、革マル派とぶつかることになった。

入社して一〇年間は、国労の組合員として活動した。しかし、八七年の国鉄の分割・民営化を前に、組合も同盟系の鉄労に移った。問題はそこから。会社側の「一企業、一組合」という方針に沿って、鉄労は革マル派主導の動労と合体し、東鉄労（現・東労組）と名乗った。その東鉄労で、旧鉄労系の人たちは執行部から放逐され、革マル派に支配されるようになったという。

岩井さんは「大学にいた時と同じように、革マル派と闘った。JR東日本という会社と革マル派との癒着は、かつての早稲田大学当局と革マル派の関係とよく似ていた」と振り返る。当時、周囲で暴力・テロ事件が頻発した。変電所の火災による山手線の運休などのトラブルも起きたが、真相はわからないままだったという。

川口大三郎さんが在籍した二年J組のリーダーだった林勝昭さんは、卒業後、学習塾を経営した後、不動産会社に移り、今も仕事を続けている。そのかたわら、川口さんの墓参りを重ねてきた。節目の年には、仲間たちにも声をかけた。私も、林さんの案内で伊豆にあった墓を何度か訪ねることができた。事件から四〇年を経た二〇一二年、二Jのかつての仲間たちが中心となって事件の記録を残すインターネットのサイトを開設したが、林さんも全面的に協力している。

「学生大会までで二Jの役割にひと区切りをつけ、私は『なべの会』という野草調理など野外活動をする学内サークルの幹事長になった。革マル派からの危害が部員たちに及ばないようにすることが、私の最大の責務になった。久しぶりに二Jに戻ると、クラスの何人かが黒いヘルメットをかぶって集会に出ていった。私は複雑な気持ちで見守るしかなかった。『なべの会』は新入生を迎えて二百人を超える大所帯になり、波乱に満ちた運営となった。部員たちの希望を尊重し、革マル派が主導していた早稲田祭に参加したが、後日、私は事情をよく知らない一年生たちを集め、革マル派によって級友の川口が殺された事件について語った。『幹事長が政治的な話をするのは問題』という一部の反発もあったが、人間の尊厳に関わる事実を伝えるべきだと私は考えた。早稲田での経験は私の人生に多大な影響を与えた。不動産会社の仕事でヤクザから『ぶっ殺すぞ』と凄まれても平然としていられたのは、ヤクザより怖い革マル派と対峙した体験があるためかもしれない」

瀬戸宏さんは、第一文学部の二年T組で、社会主義青年同盟協会派に所属していた。中国演劇の研究者で、今は摂南大学名誉教授。社会主義理論学会の共同代表も務めている。社会主義理論学会は、共産党系、新左翼系、旧社会党系、アナキズム系など様々な研究者が交流できる場を目指している。

二〇一四年、「川口君の事件を忘れないために」として、ウェブ上に「川口大三郎君追悼資料室」を開設した。当時のビラや新聞記事など様々な資料を載せているが、一七年に『運動の中・後期を振り返って考える』と題した長い一文を同資料室にアップした。武装派を批判する内容で、その一部を抜粋する。

「暴力性の肯定とその実行は、当時とその後の学生・一般社会に、川口君虐殺糾弾運動は新左翼内ゲバ対立の一部という印象をも形成させた。（中略）武装化を実行した部分は革マルのテロに対抗するためだ、と主張したが、武装襲撃のセミプロの革マルに急ごしらえ学生集団が武装したところで勝てる筈がないことは、当時でも明らかだった。」

武装に反対した瀬戸さんは「川口君は広い意味では内ゲバの犠牲者。川口君の死を弔うと同時に内ゲバの死者全体を弔わなければならない。川口君の死は、内ゲバの無意味さを考える大きなきっかけになりうる」と言う。

第一文学部の日本文学専修だった岩間輝生さんは卒業後、都立高校の国語教師になった。定年後は國學院大学の講師となっている。日比谷高校での勤務が長く、同校教諭の頃から國學院大講師時代にかけて、高校用の教科書編纂にも携わった。二〇一五年には、筑摩書房が出した教科書『精選 現代文B』に、渡辺一夫の随筆『寛容は自らを守るために不寛容に対して不寛容であるべきか』を採用し、その教師向け『指導書』も執筆した。この随筆の選択と『指導書』の以下の内容には、早稲田で共に闘った友（故山田誠さん）への思いも込めたという。

「殲滅戦争の二〇世紀を経て、今世紀に入っても、戦争としてあらわれる不寛容、他者排除、暴力的言動は、世界のいたるところに存在している。肌の色の違う者、話す言葉の違う者、宗教を異にする者など、そうした『他者』に対する激烈な『不寛容』を目にするとき、『寛容』をめざす精神は、何をよりどころに、どのように振る舞えばよいのか。渡辺は静かに、だが確かな足取りで、この問いを深め、答えを紡ぎ出していく。（中略）その強い危機感と、困難にたじろがぬ『寛容』の心は、現在を生きる若い学習者に受け継がれねばならないはずだ。」（「教科書編集の意図」より）

川口さんの事件が起きた翌年の一九七三年に第一文学部に入学した木下泰之さんは、私が信頼する仲間になっていた。文学部での活動が困難になった後、木下さんは一緒に運動していた一年生のSさんに誘われ、江戸川区議だった高野秀夫さん（故人）や弁護士の斎藤驍さんらが取り組む、六価クロム禍の訴訟団の事務局を支えた。二人は、かつて共産党内の国際派と呼ばれるグループにいて、高野さんは六〇年安保を前に、第一文学部自治会の代表として、全学連の書記長も務めた。斎藤さんは東大の教養学部自治会の議長。彼らは共産党を飛び出した後、構造改革派を名乗り、イタリア共産党を創設したグラムシやトリアッティの政治・経済理論を取り入れ、民主主義実現の徹底による社会主義を目指していた。木下さんは、こう語る。

「高野さんがいたころ、つまり革マル派が支配する前の第一文学部自治会は、おおらかで自由な雰囲気だったと聞いている。私たちが参加した、このグループの運動も、自由で市民運動のような感覚だった」

木下さんは、六価クロム禍の訴訟の後、世田谷区内で小田急線の地下化推進、高架化反対の市民運動に取り組み、無党派の区議として五期、二〇年間勤めた。今は長野の故郷に戻り、同じスタンスで政治活動を続けている。

小此鬼則子さんは七二年一一月二七日、学生大会へ向けた第一文学部の準備集会で、私が民青（日本共産党系の青年組織）系の人たちに臨時執行部への立候補辞退を求めた際、「辞退はするが、誰にも立候補する権利はあるはず。この問題は自治会の将来に禍根を残す」と発言した。彼女は卒業後、児童文学の編集者となったが、肺癌のため五三歳で他界した。その経緯については、家族や友人から取材し、第三章の「紛糾した候補者選び」の項に書いた。彼女の夫だった林太郎さんも第一文学部で民青系のグループの指導者の一人だった。七二年五月、本部キャンパス内で社会科学部の自治会を再建するための学生大会を準備中、革マル派の急襲を受け、教室から約六メートル下のコンクリートの通路に飛び降りた。その際、頭部挫傷や左脛骨の骨折などで全治二か月の重傷を負った。文才と文学的素養が豊かだった林太郎さんは、民青系の学生たちがまとめた冊子『早稲田の自治と民主主義』の序文を、シェイクスピアの小説を引用して、こう締めくくっていた。

『革マル』がいくらその血染めの手から血痕をぬぐい去ろうとしても、それはもはや不可能だ。彼等は既にマクベスの道を歩んでいる。バーナムの森は必ずや動き出すであろう。」

林さんは二〇一三年に舌癌のため六五歳で亡くなった。親交のあった仲間が「私の中の林太郎」と題した以下の追悼文を書いている。

「多くの友人が〝卒業後の彼はそうするだろう〟と思っていたことがある。それは、彼がいずれ私たちの世代を代表する作家としてデビューし、あの時代のことを中心に書き始めるのではないかという期待だった。（中略）なぜ、彼が小説を書かなかったか、或いは書けなかったのか。（中略）乏しい記憶の限りで言えば、〝俺は革マルを書けないから〟と、彼がつぶやくのを聞いたような気がする。（中略）『革マル』の活動家を一人の人間として、生きた形象として描けなければ自分の小説世界は成立しない。そういう忸怩たる思いが彼の胸の内を去来していたのではないだろうか。」

家族も、太郎さんが「仕事で会ったサラリーマンが革マル派の元活動家だとわかり、大変驚いた」と話していたことを覚えている。彼は、かつての敵である革マル派の人間への興味を持ち続けていたのだと思う。革マル派の活動家の屈折した心理を理解することの難しさは、私も痛感している。

柳ケ瀬直人さんは、民青系の法学部自治会で一九七〇年と七一年に執行委員長を務めた。川口さんの事件が起きた七二年当時、各学部が協力するための連携組織の発足に奔走した。「新日和見主義」として処分された共産党の先輩活動家たちと親交があったとして、党側から敬遠されていた。共産党系の全学連委員長に前執行部から推薦された際も、共産党東京都委員会学生対策部長から待ったがかかり、立候補できなかった。卒業後、早稲田大学生協に入り、四〇歳を過ぎた頃、旧コープとうきょう（現コープみらい）に再就職し、共産党から離党した。

「組織を離れると、いろいろなものが見えてくる。東日本大震災の際、二週間、仙台と三陸津波被災地の支援に日本生活協同組合連合会から派遣されたが、その後、四月以降は宮古市から陸前高田市までの三陸各地の被災地支援に個人ボランティアとして参加した。今も、宮古市の復興支援組織『かけあしの会』応援のため五年ほど毎年通っている。ボランティアの世界では、元全共闘シンパと思える人たちが活躍している。セクト的引き回しはダメだが、個人の自発的な活動は大切だ。既成組織の建前的な取り組みよりも個人の行動や参加が不可欠だと痛感している。大学で革マル派の暴力にどう対抗すべきだったのか。今から考えると、覚悟を決めて、もっと徹底して非暴力のスクラムを組んで闘うべきだったと思う」

政経学部一年生だった大橋正明さんは、七三年五月八日の村井資長総長を拉致しての団交に関わり、団交での司会役も務めた。その年の一一月に、同総長拉致について逮捕監禁の容疑がかけられ逮捕された。三週間後に処分保留で釈放された後、大学を休学し、インドに赴き、ビハール州で最下層のカーストの子どもたちとともに過ごした。帰国後、大学に戻り、勉学の傍ら、成田空港建設に反対する三里塚闘争の支援活動に関わり、市民活動家だった東山薫さんが機動隊の催涙ガス弾の直撃を受けて殺された出来事を、彼とスクラムを組んでいた際にすぐそばで目撃した。川口さんと東山さん。二人の死を思いつつ、大学卒業後、「シャプラニール＝市民による海外協力の会」のバングラデシュ駐在員と事務局長を務めた。以後、大学教員になり、NGOsによる国際支援活動との両輪で半生を送ってきた。二〇一七年にNGOsの仲間とともに出版した『非戦・対話・NGO』（新評論）で「私が非戦な訳」と題した以下の一文を書いた。

「学生運動の時代、内ゲバや警察の暴力で二人の友を失った。『自分たちは絶対正しい』『組織の命令に背けない』という理由で人は暴力を振るい、振るわれる。結果、若者の未来が無残に損なわれた。一歩間違えれば自分も、という思いを強く抱く。自分自身、他者に正義を振りかざしがちな人間だったからだ。人間は弱い生き物だ。だから、私の『非権力』はアルコール中毒患者の断酒・禁酒に近い。この断と禁が、私をインドへと誘《いざな》った。インドや南アジアでの様々な体験を通じてやっと目覚め、NGO活動と勉学に身を投じて日本の『市民社会』のために働こうと決めた。」


最後に、やはり政経学部一年生で、再建自治会の副委員長だった内田和夫さんについて書きたい。二〇二一年秋、本書の執筆を終えた頃に、私は久しぶりに彼に電話した。政経学部自治会の委員長だったMさんの消息を尋ねるためだった。Mさんは「非暴力主義を貫く新左翼」を自認していた人物。内田さんは「樋田さんが彼に会いたい気持ちはわかる」と言い、そのあと、二人で長話をした。

当時、内田さんはMさんや民青に近い執行部員とは距離があり、武装を主張した行動委員会と比較的近かったと思う。だが、彼自身が武装派だったわけではない。内田さんは市民自治の論客だった松下圭一氏や思想史家の藤田省三氏を尊敬し、早稲田を卒業後は、二人がいた法政大学の大学院に進んだ。自治労系のシンクタンク・地方自治総合研究所に入り、研究生活を続けた後、東京の嘉悦大学の教授になった。それぞれの時期に管理体制とぶつかった苦労話や、教育の大切さについて話が弾んだが、最後に早稲田時代の話に戻った。

「あの頃、僕たちは自治会の枠組を乗り越え、もっと先へ行こうということになってしまったけど、やっぱり自治会に踏みとどまり、革マル派の暴力排除という一致点でまとまるべきだった。そうした主張は高校の生徒会みたいだと批判されていたが、それでよかったんだ。だって、その後、僕たちは大学を卒業し、サラリーマンや研究者になって、定年となり、今は住んでいるマンションや団地の自治会の役員なんかに就いて、民主主義の大切さについて語っている。民主主義について、大学時代にもっと真剣に素朴に考えるべきだったんだ」

内田さんは「僕は癌を患っていて一進一退の状態が長いけど、まだまだ元気です。また会いましょう」と言って、電話を切った。その四か月後の二〇二二年二月に亡くなった。

ここに書いたのは、あの運動に関わった一万人を超える学生たちに比べれば、ほんの一部に過ぎない。それでも、私にとっては、あの闘いが豊かな実を結んだという確信を抱くのに十分である。私たちは、短期的には敗北したかもしれないが、長い人生を考えれば、負けてはいない。暴力は人々を沈黙させ、殺すこともできる。しかし、その人生を究極的に支配することはできないのだ。

◇　◇　◇

『彼は早稲田で死んだ』は第五三回大宅壮一ノンフィクション賞を受賞した。二〇二二年六月に東京會舘で催された授賞式で、私は以下のようなスピーチをした。

「この悲劇を招いた『正しい暴力』という主張は、今も世界中で跋扈しています。例えば、戦争も、国家が認めた『正しい暴力』なのです。どうすれば、暴力の連鎖を断ち切ることができるのか。私が早稲田で考え続けてきたのは、暴力に対して暴力で対抗するのではなく、非暴力で立ち向かうことでした。非暴力の抵抗運動で、インドのガンディーが独立を勝ち取り、アメリカのキング牧師が人種差別と闘い、公民権法を成立させたように」

国家が認めた「正しい暴力」は、二〇二二年二月から始まったロシアによるウクライナ侵略も、二〇二三年一〇月から始まった中東のガザ地区へのイスラエル軍の侵攻にも当てはまる。香港、ミャンマーなども含め、不寛容な勢力が圧倒しているように見えるが、時間軸を長く取れば、まだ結果は分からない。ソ連の戦車に蹂躪されてから二一年を経て、非暴力によるビロード革命を成功させたチェコの例もある。私は半世紀前も、今も、同じリベラルの旗を拠り所にして生きている。

本の執筆にあたっては、右に記した方々をはじめ、かつての仲間たちから資料や情報の提供など、様々な支援を受けた。瀬戸宏さんからは革マル派自治会の副委員長だった大岩圭之助氏の著書『ブラック・ミュージックさえあれば』に関する情報を教えていただいた。その他、記述の正確さを担保するための様々な助言を受けた。改めて感謝申し上げる。

本書の単行本初版を二〇二一年に上梓する際、文藝春秋の元社員で、私の高校の一年後輩だった故川村容子さんに大変お世話になった。彼女がいなければ、『彼は早稲田で死んだ』は世に出なかったと思う。

原稿は二〇二〇年夏にひとまず書き上げ、いくつかの出版社に持ち込んだが、出版を断られていた。困り果てていたころ、高校の後輩たちとの「ズーム飲み会」の画面上で、川村さんに再会した。彼女に事情を話して原稿を送ると、「これは出版する価値があります。私、がんばります」と連絡してきてくれた。その後、彼女の根回しによって、文藝春秋からの出版が決まり、彼女が信頼する編集者が私の担当に決まった。

川村さんは女性ファッション誌を中心に業界で数々の雑誌の編集に携わった。私と再会した時は、文藝春秋を退社し、東京大学高齢社会総合研究機構の広報を務めていた。本が出版に向けて動き出すと、彼女は打ち合わせに必ず同席し、適切な助言をしてくれた。

川村さんは、本書が大宅壮一ノンフィクション賞を受賞したことを、わがことのように喜んでくれた。しかし長く肺癌を患っており、二〇二三年八月二九日、フェイスブックに「今日でクローズ。みなさん、これまでいろいろありがとう」と発信。その一〇日後の九月八日に亡くなった。彼女は闘病について、家族やごく少数の友人以外には知らせなかった。私も知らなかった。改めて彼女に感謝し、ご冥福を祈る。

《参考文献・資料》

『寛容について』（渡辺一夫著　筑摩書房）
『エラスムスの勝利と悲劇』（ツヴァイク著　みすず書房）
『大衆の反逆』（オルテガ・イ・ガセット著　筑摩書房）
『不寛容論』（森本あんり著　新潮社）
『暴力の哲学』（酒井隆史著　河出書房新社）
『普通の人びと　ホロコーストと第101警察予備大隊』（クリストファー・R・ブラウニング著　筑摩書房）
『いのち燃えつきるとも』（山村政明遺稿集　大和書房）
『声なき絶叫』（早稲田大学第一文学部11・8川口大三郎君追悼集編集委員会編）
『早稲田の自治と民主主義　革マル──その暴虐の歴史』『祖国と学問のために』早大総分局
『検証　内ゲバ　PART2』（いいだもも・蔵田計成編著　社会批評社）
『中核VS革マル』（立花隆著　講談社）
『Z（革マル派）の研究』（野村旗守著　月曜評論社）
『暴君　新左翼・松崎明に支配されたJR秘史』（牧久著　小学館）
『マングローブ　テロリストに乗っ取られたJR東日本の真実』（西岡研介著　講談社）
『トラジャ　JR「革マル」30年の呪縛、労組の終焉』（西岡研介著　東洋経済新報社）
『現代政治の思想と行動』（丸山眞男著　未來社）

『連合赤軍とオウム真理教』（パトリシア・スタインホフ／伊東良徳著　彩流社）
『素描・1960年代』（川上徹・大窪一志著　同時代社）
『兵《つわもの》どもが夢の先』（高橋公著　ウェイツ）
『弱さの思想　たそがれを抱きしめる』（高橋源一郎・辻信一著　大月書店）
『弱虫でいいんだよ』（辻信一著　筑摩書房）
『ブラック・ミュージックさえあれば』（辻信一著　青弓社）
『ジョン・レノン対火星人』（高橋源一郎著　講談社）
『1968【上】　若者たちの叛乱とその背景』（小熊英二著　新曜社）
『路上の全共闘1968』（三橋俊明著　河出書房新社）
『'60年安保と早大学生運動』（早稲田の杜の会編　ベストブック）
『海辺のカフカ』（村上春樹著　新潮社）
『疎外者（アウトサイダー）の自己幻想――中島梓の「少年」』（論文　照山もみじ執筆#G―W―G第5号収録）
『ガン病棟』（ソルジェニーツィン著　新潮社）
『言論の不自由　香港、そしてグローバル民主主義にいま何が起こっているのか』（ジョシュア・ウォン／ジェイソン・Y・ゴー著　河出書房新社）
『川口大三郎君追悼資料室』（早大二文の旧二T組で中国演劇研究者の瀬戸宏氏が作成・管理するウェブサイト）
『1972年11月8日――川口大三郎の死と早稲田大学――』（川口君の級友たちを中心とする有志が作成・管理するウェブサイト）

単行本　二〇二一年十一月　文藝春秋刊
DTP制作　ローヤル企画
※文中の敬称は一部略しました。

文春文庫

彼《かれ》は早稲田《わせだ》で死《し》んだ
大学構内《だいがくこうない》リンチ殺人事件《さつじんじけん》の永遠《えいえん》

定価はカバーに表示してあります

2024年4月10日　第1刷

著　者　樋《ひ》田《だ》毅《つよし》
発行者　大沼貴之
発行所　株式会社　文藝春秋

東京都千代田区紀尾井町 3-23　〒 102-8008
TEL 03・3265・1211㈹
文藝春秋ホームページ　http://www.bunshun.co.jp

落丁、乱丁本は、お手数ですが小社製作部宛お送り下さい。送料小社負担でお取替致します。

印刷・萩原印刷　製本・加藤製本
Printed in Japan
ISBN978-4-16-792206-1